적에서
협력자로

ADVERSARIES INTO ALLIES

적에서
협력자로

조종하거나 강요하지 않고
내 편을 만드는 관계의 기술

Adversaries into Allies

밥 버그 지음 | 정영은 옮김

WILLCOMPANY

CONTENTS

시작하기 — 8

PART 1 :
최고의 영향력을 갖기 위한 다섯 가지 원칙
··· 인간의 모든 행동과 관계를 이해하는 원칙

01 다섯 가지 원칙이란? — 25
02 착한 것만으로는 부족하다 — 40
03 설득이냐, 조종이냐 — 43

PART 2 :
감정을 다스려라
··· 감정 조절은 모든 것의 시작이다

04 대응할 것인가, 반응할 것인가 — 58
05 언어적 공격에 효과적으로 대응하기 — 62
06 항상 침착한 태도를 유지하라 — 68
07 분노를 극복하라 — 78
08 결과에 대한 집착을 버려라 — 85
09 말하기 전에 생각하라 — 88
10 다름을 인정하라 — 92
11 출처를 고려하라 — 95

PART 3 :

관점의 차이를 이해하라
… 치명적인 오해 피하기

12 '신념'과 '진실'을 구분하라 − 105
13 정확한 의미를 물어라 − 110
14 상대를 이해시킬 책임은 나에게 있다 − 113
15 무의식의 영향에서 벗어나라 − 117
16 개인적으로 받아들일 것인가 말 것인가? − 119
17 길고양이 리버티의 애정 표현 − 124
18 상황부터 파악하라 − 127
19 충분한 정보를 가지고 답하라 − 130
20 상대방의 관점에서 바라보라 − 132
21 불필요한 신념은 과감히 바꿔라 − 135

PART 4 :

상대방의 자존심을 존중하라
… 궁극의 동기 유발 요인 '자존심' 활용하기

22 망신과 창피는 금물! − 143
23 변호사가 아닌 판사가 돼라 − 150
24 먼저 동의한 후 설득하라 − 152
25 자존심을 회복시켜라 − 156
26 손으로 직접 쓴 카드의 힘 − 162
27 반복적인 칭찬의 힘 − 165
28 반대할 기회만 엿보는가? − 167
29 평소 칭찬받지 못하는 사람을 칭찬하라 − 171
30 잘한 일은 반드시 칭찬하라 − 174
31 "덕분에 감사합니다!" − 176

PART 5 :
적절한 프레임을 설정하라
··· 프레임만 잘 설정하면 윈-윈 전략의 80퍼센트를 이룬 것이다

32 확신을 가지면 실제로 이루어진다 — 185
33 영향력을 높이려면 상대에게 초점을 맞춰라 — 191
34 가끔은 쩔쩔매는 모습을 보이는 것도 괜찮다 — 195
35 먼저 공감대를 형성한 후 주장하라 — 198
36 중요한 건 내가 아닌 상대방이다 — 202
37 "제가 어떻게 도우면 될까요?" — 204
38 상대의 입장을 대변하라 — 207
39 문제보다는 해결책에 집중하라 — 210
40 부정적인 프레임은 피하라 — 212
41 양자택일의 함정에 빠지지 마라 — 215
42 열 살배기 소녀의 설득 비결 — 218
43 프레임의 변화가 가져오는 삶의 변화 — 221

PART 6 :
완곡하게 표현하고 공감능력을 발휘하라
··· 큰 차이를 만드는 작은 차이

44 "다 잘 되라고 하는 말인데" — 232
45 동의하기 어렵더라도 공감은 표하라 — 237
46 마음을 열게 하는 마법의 '여는 말' — 241
47 맞서지 않고 받아 넘기기 — 244
48 경쟁자를 칭찬하라 — 248
49 완곡한 표현이 타협은 아니다 — 250
50 뒷문을 열어두라 — 252
51 우아하고 효과적인 거절 방법 — 258
52 휘둘리지 마라 — 262

53 거절할 때에도 문은 열어두라 — 265

54 끼어들기에 대처하기 — 268

55 벤저민 프랭클린식 호감법 — 273

56 벤저민 프랭클린식 소통법 — 276

57 모든 것은 타이밍이다 — 279

58 사람들을 편안하게 하라 — 284

59 정중하게 받을 돈 받기 — 286

60 "제가 감사하죠" — 291

61 올바른 메시지를 보내라 — 293

62 용서 구하기 — 296

63 "내 말 좀 들어주세요!" — 299

64 그저 가만히 들어주라 — 303

65 연관성을 찾아라 — 306

66 미리 사과하라 — 309

67 기분 좋은 영향력 — 313

PART 7 :

최고의 영향력을 가진 사람들의 특징

… 영향력은 결국 우리가 어떤 사람인가에 따라 결정된다

68 원칙을 확고히 지켜라 — 321

69 '덕담'과 영향력의 달인 — 323

70 강점에 집중하되 약점을 무시하지 마라 — 328

71 문제는 무시한다고 사라지지 않는다 — 331

72 자신보다 나은 사람들로 팀을 채우라 — 334

73 신뢰의 기본은 일관성이다 — 336

74 실수에서 배워라 — 338

75 스스로 교정하라 — 340

76 말은 적게 하고 행동에 힘써라 — 343

감사의 말 — 345

시작하며

자신의 감정을 통제하고 적을 친구로 만들 수 있는 사람이야말로
진정으로 강한 사람이다.
|
〈탈무드〉, '아버지들의 지혜' 장

지금 이 책을 펼쳐 든 당신에게는 수많은 장점이 있을 수 있다. 재
능, 훌륭한 성품, 친절함, 너그러움, 성실함, 검소함, 넘치는 에너지
같은 것들 말이다. 셈에 능하며 사업가적인 두뇌를 갖췄을 수도
있고, 침착하고 창의력이 넘칠 수도 있다.

그러나 이 모든 재능을 갖췄더라도 타인의 생각과 행동에 적절
한 영향력을 발휘하지 못한다면, 삶의 어떤 측면에서든 성공의 기
회는 제한될 수밖에 없다.

그렇다고 타인을 우리 구미에 맞게 조종할 줄 알아야 한다는
말은 아니다. 하지만 선한 의도로 영향력을 발휘하면 자신의 삶
과 사업에서 성공을 거두는 동시에 타인의 삶 또한 상당히 개선
할 수 있다.

필자는 이것을 '최고의 영향력'이라고 부른다. 최고의 영향력을

갖출 수만 있다면 우리는 원하는 바를 성취할 수 있고, 상대방은 그 자신과 우리의 설득에 '진심으로' 좋은 감정을 느낄 수 있다.

필자는 이 책을 통하여 독자들이 당장에라도 실천할 수 있는 다섯 가지 원칙을 소개하려 한다. 이 원칙을 지킬 수만 있다면 독자들은 더욱 즐겁고, 스트레스는 적으며, 윤택한 삶을 영위하게 될 것이다. 또 원칙을 실천해 나가는 과정에서 다른 사람들에게 더 많은 애정과 존경을 받게 될 것이며, 세상에 긍정적이고 멋진 변화를 가져올 수 있을 것이다.

앞서 소개한 탈무드 잠언에서 이야기하듯, 진정한 힘과 영향력을 갖추려면 먼저 자신의 감정을 다스릴 수 있어야 한다. 그 결과, 강력한 영향력을 발휘하여 부정적인 결말로 흘러가는 상황을 모두가 승자가 되는 상황으로 바꿀 수 있다.

물론 감정만 다스린다고 최고의 영향력을 갖출 수 있는 것은 아니지만, 모든 것의 시작이 감정 조절이라는 것만은 분명하다.

'적'의 사전적인 정의는 '반대하거나 공격하려 하는 사람, 집단, 혹은 세력'이다. 또 서로 승부를 겨루는 경쟁자나 적수를 의미하기도 한다. 그러나 이 책의 제목에 쓰인 '적'은 이런 의미에서의 적이 아니다.

요컨대 필자가 말하는 '적'은 앞서 설명한 부정적이고 좁은 의미의 적이 아니라, 좋은 의도에서건 나쁜 의도에서건 우리가 개인적인 성취에 이르는 길을 가로막는 모든 존재를 가리킨다. 물론 필자의 이런 정의에 선뜻 동의하지 못할 사람들도 있을 것이다.

그런데 이러한 적들은 부정적인 존재가 아니다. 오히려 우리의 성장에 꼭 필요한 존재다. 일본의 전설적인 홈런 타자 오 사다하루 (우리나라에는 '왕정치'로 더 잘 알려져 있다 – 옮긴이)가 상대편 투수를 일러 "내가 홈런을 칠 수 있게 해주는 파트너"라고 불렀듯이 필자가 말하는 적은 우리의 성장과 성공을 돕는 파트너다. 결국에는 협력자가 되어 서로에게 이익이 될 수 있는 존재인 것이다.

이러한 파트너들은 인생 전반에 걸쳐 다양한 형태로 우리 앞에 나타난다. 가깝게는 가족이나 친구일 수도 있고, 직장동료, 직원, 상사, 고용주, 팀원, 위원회 동료, 영업 사원, 잠재 고객, 소비자, 고객, 관료, 서비스 센터 직원 등 그 형태는 무궁무진하다.

또한 인생에서 만나는 다양한 사람 중에는 다루기 어렵거나 '적대적인' 사람도 있을 수 있다. 이런 경우, 그들과 서로 윈-윈 (win-win)할 수 있는 해결책을 찾거나 애초에 적으로 돌리지 않도록 주의할 필요가 있다. 이 책은 윈-윈하는 해결책을 찾는 데에도, 적을 만들지 않는 데에도 도움이 될 것이다.

이 책의 제목을 보고 혹시 협상에 관한 책이냐고 묻는 이들이 많은데 결론부터 말하자면, 이 책에선 세부적인 협상 기술과 전략 같은 좁은 의미의 협상을 다루진 않는다. 단, 살면서 마주치는 모든 상황에 협상이 필요하다는 점을 생각해보면 이 책은 결국 협상에 관한 책이기도 하다. 그러니 사전적인 의미에서의 직접적인 협상 상황을 포함한 모든 대인관계에 도움을 주는 책이라 생각하고 봐주길 바란다.

이해를 돕기 위해 세일즈 과정을 예시로 하여 설명하는 부분이 많다 보니 세일즈에 관한 책인지 질문하는 사람들도 많지만, 이 책은 세일즈에 관한 책은 아니다. 그러나 세일즈를 단순히 물건을 파는 행위가 아니라 상대가 우리의 생각을 받아들이도록 설득하는 행위라고 본다면, 이 책은 세일즈에 관한 책이기도 하다. 친구와 함께 보러 갈 영화를 결정하는 일에서부터 새로운 잠재 고객에게 물건을 파는 일, 그리고 만만치 않은 세일즈맨에게서 더 좋은 서비스를 이끌어내는 일까지, 모두 본질적으로는 상대의 마음을 움직여 우리의 의견을 수용하게 하는 일종의 세일즈로 볼 수 있기 때문이다.

그렇다면 이 책은 대체 무엇에 대한 책으로 정의할 수 있을까?

요컨대 이 책은 성공에 반드시 필요한 한 가지 요소를 독자들이 완벽하게 습득할 수 있는 방법을 소개하는 책이다. 그저 그런 평균적인 성공을 거둔 사람과 엄청난 성공을 거둔 사람의 차이를 결정짓는 이 요소는 무엇일까? 그것은 바로 '대인관계 기술'이다.

물론 대인관계 기술이 부족함에도 경제적으로 큰 성공을 거둔 사람들도 있다. 단, 이들은 '그렇기 때문에'가 아니라 '그럼에도 불구하고' 성공한 것이다. 이러한 사람들의 경우, 자세히 들여다보면 인간관계가 엉망인 경우가 많다. 그래도 대인관계 기술의 부족함을 덮을 만큼 뛰어난 장점이 있어서 그나마 경제적인 성공을 거둘 수 있었던 것이다. 드물기는 하지만 이런 사람들도 실제로 존재한다.

그러나 일반적인 경우, 성공하려면 뛰어난 대인관계 기술이 필요하다. 이는 꼭 사업에서만이 아니라 인생의 다른 부분에도 똑같이 적용된다.

인생에서 성공을 이루는 데에 필요한 기술을 따져본다면, 업무적인 기술이 차지하는 비율은 일부에 불과하며 나머지는 거의 대인관계 기술에 해당한다.

물론 업무적인 기술도 대단히 중요하다. 재능, 역량, 능력 등도 중요한 것은 물론이다. 그러나 이러한 것들은 그저 성공으로 가는 길의 출발선에 서기 위한 예선 통과 기준일 뿐이다. 아무리 빼어난 재능을 가진 사람이라고 해도 대인관계 기술이나 영향력이 부족하면 필요한 행동과 지원, 헌신을 이끌어내지 못해 결국은 재능에 못 미치는 평범한 결과로 만족해야 한다.

반면 최고의 영향력을 갖춘다면 가족, 친구, 동료, 고객을 포함한 모든 주변 사람들과의 관계를 훨씬 효과적으로 개선할 수 있다.

이미 뛰어난 대인관계 기술의 소유자라면 이 책에 소개된 원칙들을 즐거운 마음으로 익히고 기술을 더욱 갈고 닦을 수 있을 것이다. 또한 자신의 대인 기술이나 설득 기술이 부족하다고 느껴온 독자라면 이 책이 제공하는 정보를 통해 개인적인 삶과 직업적인 삶, 양쪽 모두의 효율성을 개선하여 신세계를 접하게 될 것이다.

읽다 보면 곧 깨닫게 되겠지만, 이 책이 소개하는 개념은 비교적 단순하다. 물론 단순하다고 해서 반드시 쉬운 것은 아니지만, 필자가 소개하는 최고의 영향력을 얻기 위한 법칙들의 핵심은 실행에 옮기기 쉽다는 점이다. 모든 원칙이 직관적이어서 자연스럽고, 쉽고, 재미있게 실생활에 적용할 수 있을 것이다.

　자, 그럼 시작해보자.

PART 1

최고의 영향력을 갖기 위한 다섯 가지 원칙

—

인간의 모든 행동과 관계를 이해하는 원칙

존경받는 리더십 전문가 존 C. 맥스웰(John C. Maxwell)은 "영향력이 전부다"라는 말을 한 바 있다. 꽤나 과감한 주장이기는 하지만, 필자는 이 말이 진실이라고 믿는다.

이유를 설명하기에 앞서, 우선 '영향력'이 무엇인지 정의를 내릴 필요가 있을 것 같다.

영향력은 기본적으로 상대방이 내가 원하는 행동을 하게 만들어 특정한 목표를 이루는 능력이라고 볼 수 있다. 이 정도로도 꽤 쓸 만한 정의이기는 하지만 뭔가 부족한 느낌이 든다. 필자가 이 책에서 말하는 '최고의 영향력'이란 상대방을 움직이는 능력 자체뿐 아니라 그 '과정'과 '방식'까지 아우른다. 다시 말해, '무엇'을 하느냐 뿐 아니라 '어떻게' 하느냐까지 포함하는 것이다.

진정한 성공을 거둔 사람들은 즉각적인 영향력과 장기적인 영향력을 함께 발휘하여 주위 사람들을 끌어들인다. 사람은 본래 강한 영향력을 발휘하는 인물에게 자연스럽게 끌리기 마련이다.

단순하게 봤을 때, 타인의 생각이나 행동을 우리가 원하는 대로 바꿀 방법은 강제와 설득, 두 가지밖에 없다.

부하직원들에게 윽박지르는 폭군 같은 직장 상사 밑에서 일해 본 적이 있는가? 직원들은 그 상사가 시키는 일에 최선을 다했는가? 모든 프로젝트에 백 퍼센트의 노력을 쏟았는가? 아마 그렇지 않았을 것이다. 이러한 상사 밑에서는 그저 잘리지 않을 정도로 최소한의 업무만 할 가능성이 크다.

이렇듯 상대를 존중하지 않고 강제로 일을 시키면 마지못해 따르기야 하겠지만, 분명히 마음속에는 불만이 가득할 것이다. 최선의 경우에도 시킨 일만 하고 그 이상은 절대 하려 하지 않을 것이고, 최악의 경우 의식적으로나 무의식적으로 일을 망치려 들 수도 있다.

강제력은 어느 정도까지는 효과를 발휘할 수 있다. 그러나 강제력에 기대는 사람은 '지위적 권위'를 잃는 순간 상대에게 뭔가를 하게 만드는 힘을 잃게 된다. 즉, 강제력은 지속 가능하지 않다.

반면 설득은 훨씬 효과적이다. 설득당한 상대는 자신의 자유 의지에 의하여 움직이기 때문이다. 설득은 상대가 강제로 내 말을 따르게 하는 행위가 아니다. 그보다는 내가 원하는 결과와 상대가 원하는 결과가 결국은 같다는 사실을 깨닫도록 돕는 행위에 가깝다. 그래서 설득은 즉시 더 좋은 결과를 낼 뿐 아니라 미래의 성공까지 보장한다.

중요한 건 상대방이다

적에 대한 이야기를 나눴으니 이제 협력자에 대한 이야기를 해보자. 협력자란 무엇일까? 협력자는 우리와 같은, 혹은 비슷한 목적을 지닌 파트너다. 협력자는 종속적인 존재가 아니며, 우리의 의견에 따르는 것이 자신에게 어떤 방식으로든 이득이 되리라는 판단을 해서 우리의 편이 되기로 '선택한' 사람이다. 이것은 상대가 한 명이든, 작은 집단이든, 천 명 규모의 조직이든 마찬가지다.

데일 카네기(Dale Carnegie)는 고전이 된 자신의 저서 《카네기 인간관계론(How to Win Friends and Influence People)》에서 "결국 사람들은 타인이 제시하는 이유가 아닌 자신만의 이유가 있을 때에 움직인다"는 명언을 남긴 바 있다. 최고의 영향력을 가진 훌륭한 리더라면 카네기의 말을 마음에 새겼을 것이다.

최고의 영향력을 갖추려면 카네기가 말한 이 인간 본성의 법칙을 이해하고, 받아들이고, 지켜야 한다.

실제로 우리가 인간으로서 하는 모든 행동은 개인의 이익에 바탕을 두고 있다.

이렇게 말하면 그게 무슨 말이냐고 따지고 싶은 사람도 있을 것이다. "그렇다면 자선 활동이나 이타주의는 뭐죠? 그런 것들도 개인의 이익에 바탕을 둔 행위라는 건가요?"라는 질문을 던지고 싶으리라.

질문에 답하자면, 사실 그렇다. 모든 사람은 결국 자신의 이익을 최우선에 두고 행동한다. 기부나 신장 기증 등의 행위도 결국은 자신의 가치 체계에 들어맞는 옳은 일이라는 생각 때문에 하는 것이고, 이로써 자기만족을 얻는다.

인간의 본성이 원래 그렇다

어쩌면 필자가 소개한 개념이 우리가 오래도록 믿어온 전제에 반할 수도 있다. 단, 인간이 개인의 이익을 바탕으로 움직인다는 주장이 항상 본인에게 가장 쉽고, 편안하고, 편리한 결정만을 내린다는 뜻은 아니다. 그저 인간은 언제나 의식적으로든 무의식적으로든 개인의 가치 체계에 비추어 '자신만의' 이유로 움직인다는 이야기를 하려는 것이다.

이 내용을 강조하는 데에는 그만한 이유가 있다. 인간이 기본적으로 자신의 이익에 기반을 두고 움직인다는 사실을 이해하는 것이 바로 최고의 영향력을 기르는 열쇠이기 때문이다. 사람들은 타인이 제시하는 이유가 아닌 '자신만의' 이유가 있을 때에만 움직인다는 점을 명심해야 한다.

앞서 말한 바와 같이 강제나 명령이 주는 영향력은 제한적이고 효과도 떨어진다. 그러므로 타인에게 뭔가를 요청할 때에는 상대가 그 요청에 응하도록 동기가 될 만한 이득을 제시해야 한다.

예를 들어 직장 상사에게 연봉 인상을 요청한다고 생각해보자. 주택 대출금 납부 기한이 지나서 돈이 정말 필요하다고 사정하는 것만으로는 상사의 동의를 이끌어낼 수 없다. 그보다는 지난 업무 실적을 근거로 들어 앞으로 다가올 프로젝트에서도 상사를 도와 예산을 대폭 절감할 수 있을 거라고 설명하는 편이 훨씬 효과적일 것이다. 나중에 상사가 윗선에 자신의 연봉 인상을 요청할 때에도 예산 절감이 든든한 무기가 되어줄 테니 말이다.

잠재 고객과의 거래를 성사시키고 싶은가? 판매 할당량을 채워야 한다는 얘기로는 고객의 마음을 움직일 수 없다. 그보다는 우리가 파는 물건이나 서비스로 그 고객이 바라는 바를 이룰 수 있다는 점을 설명해야 판매 확률이 더욱 높아질 것이다.

서비스 센터에 시큰둥하게 앉아있는 직원이 친절을 발휘하여 우리의 요청을 들어주기를 바라는가? 그렇다면 그 직원이 무기력과 무관심을 극복하고 요청에 응할 만한 동기를 제시해야 한다.

단, 여기에서 한 가지 명심해야 할 것이 있다. 바로 돈이 항상 동기가 될 수는 없다는 것이다. 오히려 돈이 동기가 되는 경우가 더 드물다. 대부분의 경우, 돈보다는 자기만족이 강력한 동기로 작용한다. 또 성미가 까다롭고 다루기 어려운 사람일수록 부정적인 자아상을 가진 경우가 많다. 그런 사람에겐 진심으로 개인적인 관심을 표하면서 다가가는 것이 중요하다. 이들이 평소 타인을 대하면서 느끼는 것보다 더 큰 존중을 보여주어야만 한다. 우리가 원하는 행동을 취하도록 설득하려면 이들의 감정을 움직일

비밀의 단추를 찾아야 하기 때문이다. 요컨대 다른 사람을 설득할 때는 '우리의 제안이 상대에게 어떤 이익을 가져다주는지' 늘 자문해야 한다.

이 질문에 대한 답을 찾을 수만 있다면 상대는 기꺼이 우리의 설득에 응하고 우리의 바람대로 움직여줄 것이다.

이것이 바로 필자가 말하는 '최고의 영향력'이다.

영향력의 법칙

필자는 존 데이비드 만(John David Mann)과 공저한 《레이첼의 커피(The Go-Giver)》에서 '영향력의 법칙'을 소개한 바 있다. 이 법칙의 내용은 '영향력은 타인의 이익을 얼마나 우선시하느냐에 따라 결정된다'는 것이다.

얼핏 들으면 현실을 모르는 동화 속 착한 주인공이나 할 법한 이야기 같다. 그러나 이것이야말로 막대한 영향력을 가진 훌륭한 리더들과 성공한 세일즈맨들이 일상생활과 사업에서 가장 중요하게 생각하는 법칙 중 하나다.

오해할까 봐 미리 말해두는데, 타인의 이익을 우선시하라는 것이 동네북이 되거나 순교자가 되어 희생하라는 의미는 아니다. 애초에 타인이 이용하는데도 잠자코 당하고만 있는 사람은 강한 사람이 아니라 약한 사람이며 결코 진정한 영향력을 행사할 수 없다.

타인에게 영향력을 행사하려면 의식적으로 관심의 초점을 자기 자신에서 상대방으로 옮길 수 있어야 한다.

필자는 세일즈 강좌를 할 때 늘 아래의 내용을 대전제로 삼는다.

다른 모든 조건이 같다면, 사람들은 자신이 잘 알고, 좋아하고, 신
뢰하는 이들에게 사업을 제안하고 거래를 한다.

이렇듯 일상생활에서도 사업에서도 영향력은 일종의 세일즈라
고 볼 수 있다. 우리는 결국 영향력을 발휘하여 우리의 생각, 의견,
필요, 욕구, 철학 등을 상대방에게 판매하는 것이다. 그렇기에 항
상 다음의 사항을 명심해야 한다.

다른 모든 조건이 같다면, 사람들은 자신이 잘 알고, 좋아하고, 신뢰
하는 이들에게 사업을 제안하고, 거래를 하고, 영향을 받을 것이다.

타인의 애정과 신뢰를 이끌어내는 가장 빠르고 강력하며 효과
적인 방법은 바로 관심의 초점을 '나'에서 '상대방'으로 옮기는 것
이다. 초점을 타인에게 옮기는 방법을 익힐 수만 있다면 자기 위
주의 생각만으로 타인에게 영향력을 발휘하려 애쓰는 다수의 사
람들과 차별화할 수 있을 것이다.

대부분의 사람들은 물건이 아닌 사람과 유대를 형성한다. 또한
사람은 자신에게 관심을 보이는 이에게 더 큰 유대감을 느끼기
마련이다.

이것이 바로 필자가 존 C. 맥스웰 박사의 말에 전적으로 동의할 수밖에 없는 이유다. 어떤 목적을 달성하는 데 타인의 도움, 지원, 자발적 참여나 헌신이 필수적이라는 사실을 감안한다면, 영향력은 실로 모든 일의 '전부'라 할 수 있다.

단, 영향력 자체가 늘 긍정적인 힘인 것은 아니다. 영향력이 긍정적인 성질을 띠려면 영향력을 발휘하는 사람의 의도가 선하거나 적어도 악의는 없어야 하고, 영향을 받는 상대방에게 도움이 되어야 한다. 이러한 조건을 충족시키지 못하는 영향력은 타인에 대한 교묘한 조종일 뿐이다.

이것이 바로 영향력을 발휘하는 '방식'이 중요한 이유다. 영향력을 행사하는 방식에 따라 설득과 조종, 참여와 복종, 진정한 힘과 강제력이 나누어진다. 어느 쪽을 선택할지는 우리에게 달렸다. 이렇듯 영향력은 마음가짐인 동시에 기술이기도 하다.

영향력을 발휘하여 상대를 만족시키면서도 늘 우리가 원하는 결과를 이끌어내는 법을 배울 수만 있다면, 우리는 그 어떤 강제력이나 명령, 조종보다도 효과적이고 장기적인 무기를 얻는 셈이다.

다섯 가지 원칙이란?

최고의 영향력은 아래에 소개할 다섯 가지 원칙에 기반을 둔다. 어떤 상황에서든 상대방에게 영향력을 발휘하여 그들의 생각이나 행동을 바꾸려면 늘 이 다섯 가지 원칙을 염두에 두고 행동해야 한다.

　1. 감정을 다스려라.

　2. 관점의 차이를 이해하라.

　3. 상대방의 자존심을 존중하라.

　4. 적절한 프레임을 설정하라.

　5. 완곡하게 표현하고 공감능력을 발휘하라.

감정을 다스려라

영향력을 발휘하려면 우선 감정을 다스려야 한다. 그래야만 이성적으로 행동해서 자신과 상대방 양쪽 모두에게 이익이 되는 상황을 이끌어낼 수 있기 때문이다.

인간은 감정적인 동물이다. 물론 사람들은 대부분 자신이 논리적이라고 생각하고, 실제로 어느 정도까지는 논리가 힘을 발휘하기도 하지만, 결국에는 감정에 따라 행동을 결정한다.

그래서 우리는 감정적 결정을 내린 후, 그 결정을 뒷받침하는 논리를 만들어내곤 한다.

여기에 동원되는 것이 바로 '합리화'다. 합리화를 뜻하는 영어 단어인 'rationalize'를 반으로 쪼개 보면 'rational-lies', 즉 '합리적 거짓말'이라는 의미가 된다. 결론적으로 우리는 감정에 휩쓸려 결정을 내린 후 자신에게 '합리적 거짓말'을 하는 것이다.

합리적 거짓말 : "솔직히 이런 비싼 차를 살 만큼의 경제력은 없어. 할부금으로 한 달에 수백 달러씩 더 내야 하고, 보험료도 비싸고, 연비도 떨어지지만 그래도 사야겠어. 왜냐고? 물건을 더 팔려면 잠재적인 고객에게 내가 성공한 세일즈맨이라는 걸 보여줘야 하거든. 사실 이 정도는 한 달에 거래를 한 건만 더 성사시키면 충분히 감당할 수 있는 수준이야."

진실 : "다들 내가 경제적으로 성공을 거뒀다고 생각해줬으면 좋겠

어. 게다가 멋진 차를 몰면 기분이 좋잖아."

합리적 거짓말 : "직장 동료의 사생활을 잘 파악하고 다른 동료들
에게 알려주는 건 중요한 일이야. 사생활은 업무 분위기나 회사의
손익에도 영향을 줄 수 있으니까."
진실 : "동료들의 뒤를 캐고 소문을 내고 다니는 건 정말 재미있어."

물론 위에 소개한 예시는 누가 봐도 이해할 만큼 단순하다. 그
러나 이미 자신에게 합리적 거짓말을 하고 있는 사람에게 필자가
분석한 진실을 들려주면 절대 인정하지 않을 것이다. 이렇듯 상대
방이 이미 굳게 믿고 있는 사실에 논리적인 잣대를 들이대며 틀렸
다고 지적하는 방식으로는 상대를 설득할 수 없다. 그들은 우리
의 말을 무시하기 위해 또 다른 이유를 찾아낼 것이고, 자신이 그
런 행동을 하고 있다는 사실조차 깨닫지 못할 확률이 높다.

대니얼 골먼(Daniel Goleman)은 이제는 고전이 된 유명한 저서
《EQ 감성지능(Emotional Intelligence)》에서 다음과 같이 주장했다.

"인간의 감성적 정신은 자신이 믿는 바를 절대 진리로 받아들
이기 때문에 그에 반하는 증거를 깎아내리려는 성질이 있다. 감정
이 상한 사람과 논리적으로 대화하기 어려운 것은 바로 이 때문
이다. 아무리 타당한 논리라도 그 순간의 감정적 믿음에 어긋나버
리면 절대 들으려 하지 않는다."

골먼은 다음과 같은 중요한 주장도 덧붙였다.

"감정은 자신만의 '관점'과 '증거'로 무장한 자기합리화의 달인이다."

이렇듯 자기합리화의 함정에 빠진 사람이 효율성을 발휘하기란 쉬운 일이 아니다.

물론, 그렇다고 감정이 없는 기계가 되라는 말은 아니다. 감정을 느낄 때, 이를 잘 받아들이면 된다.

이때 중요한 것이 리더십 전문가인 돈디 스쿠마치(Dondi Scumaci)의 말을 실천하는 것이다.

"감정은 삶의 여정에서 중요한 역할을 한다. 그러나 감정이 삶의 운전석을 차지하게 놔둬서는 안 된다."

바로 이것이 핵심이다. 앞서 말했듯, 감정을 다스리라는 말은 결코 감정이 없는 기계가 되라는 뜻이 아니다. 감정은 행복한 삶을 이루는 중요한 요소이기도 하다. 단, 그 감정이 삶의 운전대를 잡게 놔둬서는 안 된다는 것이다.

감정에 지배당하기보다는 우리가 감정을 지배해야 한다. 삶의 운전대는 우리가 직접 잡고, 감정은 조수석에 잘 앉혀서 안전벨트를 채워두는 것이다.

이렇게 자신의 감정을 잘 다스림으로써 상대방의 효율성을 높여줄 방법을 찾아낸다면, 우리는 상대에게 막대한 영향력을 발휘할 수 있게 될 것이다.

최고의 영향력을 얻기 위한 첫 번째 원칙은 이 책의 2부에서 더욱 자세히 알아보도록 하자. 또한 2부에서는 주어진 상황에 단순하게 반응하는 것이 아니라 논리적인 대응을 보이는 법, 언어적 공격을 능수능란하게 다루는 법, 항상 침착한 태도를 유지하는 법, 분노를 분리하고 희석하는 법, 침묵을 적절히 활용하는 법 등을 소개할 것이다.

관점의 차이를 이해하라

혹시 친구와 대화를 하던 중 분명히 같은 단어를 사용했는데도 말의 의미를 서로 다르게 이해해서 낭패를 본 경험이 있는가? 살다 보면 이렇게 똑같은 단어를 전혀 다른 의미로 받아들여서 혼란에 빠지는 경우가 종종 있다. 예를 들어, 두 친구가 '서브웨이(subway, 지하철)'에서 만나기로 약속했는데 한 명은 실제 지하철역에서, 다른 한 명은 '서브웨이'라는 샌드위치 가게에서 서로를 기다리는 일이 일어날 수도 있다.

고객의 진의를 잘못 파악해서 세일즈 기회를 놓쳐본 경험이 있는가? 상담을 하며 고객이 가장 중요하게 생각하는 것은 분명히 가격이라고 생각했는데, 알고 보니 전혀 다른 것이었다는 사실을 나중에야 깨달아서 후회하는 경우가 종종 있다.

오해로 일어난 말다툼은 또 어떤가? 화가 잔뜩 난 사람과 찬찬히 대화를 나누다 보면 모든 것이 서로의 오해에서 비롯되었다는 사실을 깨닫게 되기도 한다.

대부분의 사람들은 필자가 앞서 언급한 상황에 처해본 경험이 있을 것이다. 최고의 영향력을 발휘하려면 이럴 때 자신만의 사고방식에서 벗어나 상대방의 생각을 이해할 수 있어야 한다.

이러한 상황이 빈발하는 이유와 그 극복 방법에 대해서는 앞으로 차차 풀어가도록 하겠다. 추후 소개될 방법을 잘 활용하면 더욱 효과적인 의사소통으로 성공을 보장받을 수 있을 것이다.

사람에게는 누구나 세상을 바라보는 고유한 관점이 있다. 이러한 관점은 가정교육, 환경, 학교교육, 미디어, 주변 사람의 영향 등 다양하고 복잡한 경로로 형성된다. 우리가 영향력을 발휘하고자 하는 상대도 마찬가지로 자신만의 고유한 관점을 가지고 있다.

사람들은 자신의 관점이 자신만의 믿음이 아니라 보편적인 믿음이라고 생각한다. 즉, 세상 사람 모두가 자신과 똑같은 방식으로 세상을 바라본다고 생각하는 것이다. 그리고 대부분은 이러한 생각 자체가 잘못되었다는 것을 자각하지 못한다.

그렇기 때문에 사람들은 상대방이 어떤 말이나 행동을 하면 그 사람의 생각을 파악하기보다는 자신의 관점에 비추어 모든 것을 해석하려 한다.

설사 이 사실을 머리로는 알고 있더라도, 늘 이를 염두에 두고 행동하기란 쉽지 않다.

생각해보자. 나와 상대방은 각각 확고한 신념 체계를 바탕으로 삶을 살아가고 있다. 이러한 신념 체계는 각자의 생각 속에 뿌리 깊게 박혀 있는데, 자신의 신념 체계가 중요한 만큼 상대도 마찬가지다.

그래서 한 사람이 다른 사람에게 뭔가 영향을 끼치려고 할 때 신념 체계의 충돌은 불가피하다. 이 사실을 이해하지 못하면 상대방을 이해하지 못해서 결국 오해로 이어진다.

굳이 상대방의 관점 자체를 이해할 필요는 없다. 우선 자신과 상대방의 신념 체계가 같지 않다는 사실을 염두에 두고 행동하는 것만으로도 충분하다.

3부에서는 서로 오해하지 않고 이해하는 법, 쓸데없는 추측을 피하는 법, 상대의 반응을 개인에 대한 공격으로 받아들이지 않는 법, 그리고 이 중요한 개념을 더욱 잘 이해하는 법 등을 다뤄보도록 하겠다.

상대방의 자존심을 존중하라

워싱턴의 한 고급 호텔에서 유명 인사들이 대거 참석한 행사가 열렸다. 한 상원의원이 내빈으로 참석했는데, 자리에 착석해서 보니 빵 옆에 버터가 한 조각밖에 없었다.

그 의원은 거만하게 검지를 치켜들어 웨이터를 불렀다. 그러고는 이렇게 말했다.

"여기 버터 한 조각 더 가져다주시오."

웨이터는 조금 당황한 듯했으나 공손하게 답했다.

"죄송합니다만, 버터는 한 자리에 한 조각씩만 드리고 있습니다."

화가 난 의원은 다시 말했다.

"어쨌든 난 한 조각 더 필요하니까 어서 가져다줘요."

웨이터는 다시 답했다.

"정말 죄송합니다만, 오늘은 버터가 모자라서 한 분당 한 조각 이상은 드릴 수가 없습니다."

화가 머리끝까지 난 의원은 말했다.

"이봐, 자네 내가 누군지 알기나 해? 나는 뉴저지 주의 원로 상원의원이라고!"

그 말을 들은 웨이터가 이렇게 답했다.

"그럼 저는 누군지 아십니까? 저는 이 연회장의 버터 담당자입니다."

물론 실화일 가능성은 낮겠지만, 이 이야기는 필자가 '자존심'에 대해서 하고자 하는 말을 정확히 보여준다. 이 이야기를 들은 사람들은 대부분 상원의원의 자존심과 특권 의식에 초점을 맞추겠지만, 필자는 웨이터에게도 자존심이 있다는 사실에 중점을 둔다.

많은 사람들이 자존심은 부정적인 것이라고 생각해서 자기 잘난 맛에 사는 자아도취증 환자들에게서나 나타나는 증상으로 치부한다. 하지만 자존심은 말 그대로 '자아를 존중하는 마음'일 뿐이다. 사람이라면 누구나 이러한 마음을 가지고 있으며, 상대의 자존심을 잘못 건드리면 마음을 사기가 어려워진다.

사실 버터 한 조각 더 달라는 것은 대수롭지 않은 부탁이다. 만약 의원이 부탁하는 과정에서 웨이터의 자존심을 존중했더라면 버터를 얻는 데 성공했을지도 모른다. 이렇듯 자존심이 모든 일을 결정짓는 경우가 많으므로 상대에게 영향력을 발휘하고 싶다면 항상 상대의 자존심을 존중해야 한다.

> 대부분의 경우 상대를 내 편으로 만들 수 있을지는 바로 이 자존심에 달렸다. 즉 상대가 스스로에게 좋은 감정을 느끼게 해주느냐에 달린 것이다.

사람들의 모든 행동은 자존심의 지배를 받는다. 그럼에도 앞서 언급한 '관점'의 경우처럼 대부분의 사람들은 일상 속에서, 타인과의 교류 속에서 자존심이 그렇게 큰 역할을 한다는 사실을 전혀 모른 채 생활한다.

물론 자존심에 부정적인 측면만 있는 것은 아니다. 적절히 통제하기만 한다면 개인적인 성취나 공익을 이루는 데 도움이 된다.

단, 타인과 교류할 때 반드시 명심해야 할 사항이 있는데 바로 자존심은 누구에게나 매우 민감한 영역이라는 점이다. 그러므로 상대에게 부탁이나 요청을 할 때에는 그들의 자존심을 신중하고 조심스럽게 다뤄야 한다.

사람들은 자신이 자존심의 지배를 받는다는 사실을 자각하지 못한 채 행동하는 경우가 많으므로, 우리가 먼저 그들의 자존심을 존중하면 관계 형성에 핵심적인 열쇠를 얻게 되는 셈이다.

이 책의 4부에서는 함께 자존심을 통제하는 방법을 알아보고, 더 나아가 행동에 의식적·무의식적으로 영향을 주는 자존심을 존중하고 이를 활용하는 방법을 배워보도록 하겠다.

적절한 프레임을 설정하라

매장 안에서 불만에 찬 손님이 계산대 직원에게 항의하는 장면을 떠올려보자. 손님은 화가 난 목소리로 이렇게 외친다.

"이건 도저히 용납할 수 없군요! 지금 당장 매니저를 불러 주세요!"

2분 후 매니저가 나타난다. 침착하고 정중한 모습이지만, 딱 봐도 전투 준비를 마치고 나온 것을 알 수 있다. 아마 이 매니저는 손님이 곤란한 얘기를 할 때 즉시 인용할 수 있는 다양한 '회사 방침'으로 무장한 채 손님을 만나러 나왔을 것이다.

그렇다면 작지만 아주 중요한 변화를 주었을 때 상황이 어떻게 달라지는지 한 번 살펴보자. 이번에는 불만에 찬 손님이 재빨리 화를 가라앉히고 계산대 직원에게 이렇게 말한다.

"혹시 저 때문에 곤란해지신 건 아닌지 염려가 되네요. 매장 매니저와 직접 대화하는 게 좋을 것 같습니다. 그분 성함이 어떻게 되시죠?"

역시 2분 후 매니저가 나타난다. 단, 이번에는 면담을 요청한 손님이 아주 정중한 태도였다는 얘기를 전해 들었으므로 침착하고 중립적인 자세를 취하려고 한다. 물론 회사 방침은 방침이므로 상황에 따라 인용할 준비는 되어 있다.

그때 손님이 다정한 미소와 함께 악수를 청하며 매니저에게 말한다.

"존스 씨 되십니까? 전 팻 토마스라고 합니다. 바쁘실 텐데 이렇게 나와주셔서 감사합니다."

그 순간, 매니저는 딱딱한 회사 방침을 언급하기보다는 어떻게 하면 이 손님을 잘 도울 수 있을까에 초점을 맞추게 된다. 이런 손님이야말로 모두가 원하는 고객이기 때문이다.

프레임이란 무엇일까? 이 책에서 필자가 말하는 프레임은 기본적으로 타인과 교류할 때에 그 사람과의 관계를 설정하는 큰 틀을 뜻한다.

위에 든 예시에서 불만을 제기한 손님은 각각 다른 두 가지 방식으로 매니저와의 프레임을 설정했다. 두 방식 모두 흔히 볼 수 있는 광경이지만, 대부분의 경우에는 첫 번째 손님처럼 행동한다.

두 대응의 가장 주요한 차이는 프레임의 설정 방법이다. 첫 번째 손님은 처음부터 대립 프레임을 설정했고, 그 결과 양측은 상대방이 적대적인 태도를 보일 것이라는 가정하에 행동하게 되었다. 반면 두 번째 손님은 대화 프레임을 설정했고, 그 결과 매니저는 손님을 진정으로 도우려는 마음으로 우호적인 태도를 보였다.

과연 두 손님 중에 원하는 결과를 얻은 이는 누구일까?

모든 인간관계에서는 프레임이 형성되기 마련이다. 여기서 중요한 것은 누가 프레임을 설정하는가이다. 상대방이 먼저 프레임을 설정하게 놓아둘 경우, 우리가 바라는 바를 이룰 수 있는 프레임이 형성될 가능성은 매우 낮다. 그러므로 우리가 먼저 프레임을 설정하여 상황을 주도해야 한다. 이후 행동의 전개 방향을 결정하는 것이 바로 프레임이기 때문이다.

앞으로 이 책을 읽으면서 프레임의 중요성에 관한 예시를 수도 없이 접하게 될 것이다. 그런 예시를 볼 때마다 이야기 속에 나타난 프레임을 유심히 살펴보기 바란다. 이 주제는 5부에서 더 자세히 다룰 예정이다. 5부에서는 긍정적인 기대 설정이 효과적인 이유와 가끔 상대에게 약점을 보여도 괜찮은 이유를 살펴보고, 최고의 영향력을 기르는 데 필요한 여러 전략을 소개하겠다.

완곡하게 표현하고 공감능력을 발휘하라

필자의 아버지인 마이크 버그는 늘 "부드러운 언어야말로 강한 언어"라고 말씀하시곤 한다. 갈등 상황에서 부드럽고 완곡한 표현을 사용한다는 것은 상대를 배려하는 것이고, 이러한 배려는 상대를 내 편으로 만들 기회를 만들어준다. 그런 의미에서 볼 때, 완곡한 표현을 적절히 사용할 수 있는 능력은 최고의 영향력을 얻기 위한 핵심적인 능력이라고 볼 수 있다. 영향력을 높일 수 있는 모든 기술을 다 갖추어도 표현 방식이 적절하지 못하면 그 효과는 떨어지기 마련이다.

상대를 위협하지 않는 부드러운 표현은 상대의 경계심을 낮춰주어 우리의 말에 귀 기울이게 한다. 이것이 바로 부드러운 언어의 힘이다. 부드러운 언어는 상대의 자존심에 상처를 입히거나 저항감과 분노를 불러일으키지 않고, 오히려 상대가 우리의 제안을 긍정적으로 받아들여 행동을 바꾸게 한다.

예를 들어 레스토랑에서 덜 익은 스테이크가 나왔다고 가정해 보자. 이런 경우, 스테이크가 덜 익었다고 큰 소리로 불평하며 무례하게 구는 것이 효과적일까? 그보다는 웨이터를 조용히 불러 웃는 얼굴로 부드럽게 말하는 편이 훨씬 더 효과적일 것이다.

"음식이 정말 훌륭하네요. 그런데 저는 살짝 더 익힌 고기를 좋아해요. 주방장에게 스테이크만 조금 더 익혀주시면 정말 완벽한 저녁이 될 것 같다고 좀 전해 주시겠어요?"

적절한 방식으로 전달된 부드러운 말은 그야말로 마법 같은 효과를 발휘한다. 이 책을 통해 우리는 완곡한 표현 기술을 쉽게 배워볼 것이다. 처음에는 의식적으로 기술을 활용해야겠지만, 자주 사용하다 보면 습관이 되어 자연스럽게 구사할 수 있게 된다. 그러면 이 작은 변화가 가져오는 큰 영향력에 깜짝 놀라게 되리라.

공감능력은 상대의 감정을 알아차리고 느끼는 능력으로, 부드러운 언어 활용과 연관이 있다.

하지만 단순히 상대방의 입장이 되어서 생각한다고 그들의 감정에 공감할 수 있을까? 꼭 그렇지만은 않다. 설령 비슷한 경험을 공유하더라도 각자의 관점과 성격, 믿음, 배경에 따라 서로 다른 반응을 보일 수밖에 없기 때문이다.

그나마 다행인 점은 공감을 표현하기 위해서 반드시 상대방의 감정을 정확하게 이해할 필요는 없다는 것이다. 정확히 어떤 감정인지 모르더라도 상대방이 뭔가 불편한 감정을 느끼고 있다는 점을 파악하고, 그 불편함을 해결해주기 위해 노력하고 있다는 사실을 상대에게 알리는 것만으로도 충분하다.

완곡한 표현 기술과 마찬가지로 공감능력 또한 노력으로 개발할 수 있다. 공감능력은 최고의 영향력을 갖추기 위한 핵심적인 기술이다. 이렇게 완곡한 표현 기술과 공감능력을 함께 소개하는 것은 둘의 밀접한 연관성 때문인데, 상대의 상황에 진정으로 공감해야만 자연스럽게 완곡한 표현을 사용해서 공감을 효과적으로 전달할 수 있다.

6부에서는 공감능력을 기르고 완곡한 표현법을 자연스럽게 활용하는 방법을 자세히 알아보도록 하겠다. 이 방법이야말로 최고의 영향력을 갖추기 위한 가장 중요한 도구다. 또한 원하는 바를 얻기 위한 대화 시작법, 관계를 망치지 않고 거절하는 법, 대화 중 말을 자르거나 끼어드는 상대에게 침착하게 대응하는 법 등 다양한 기술도 익힐 것이다.

앞으로 이 책에서 소개될 모든 원칙, 전략, 방법론은 독자들이 다섯 가지 원칙을 온전히 익히는 데 도움을 줄 것이다. 감정을 다스리고, 상대의 관점과 자존심을 존중하고, 긍정적인 분위기를 연출하고, 공감과 완곡한 표현을 활용한 의사소통법을 익힌다면 최고의 영향력을 발휘할 수 있다. 이러한 최고의 영향력은 우리가 원하는 것을 쉽게 얻도록 해주면서 동시에 상대의 기분 또한 좋게 만들어준다. 그야말로 윈-윈 전략인 것이다.

2부에서 6부까지는 최고의 영향력을 얻기 위한 다섯 가지 원칙을 차례대로 자세히 살펴보고, 흔히 범하는 실수를 피하는 전략과 실제 예시들을 소개할 예정이다. 책을 읽어나가다 보면 한 가지 원칙에서 소개한 이야기나 예시가 다른 원칙과도 이어지는 것을 볼 수 있을 것이다. 실제로도 우리가 살아가며 부딪치는 여러 문제를 해결하려면 필자가 제시한 다섯 가지 원칙 중 한 가지 이상을 동시에 활용해야 하는 경우가 많다. 이렇게 여러 원칙에 해당하는 예시의 경우, 연관성이 가장 높은 장에 소개했다.

2부에서 6부까지 다섯 가지 원칙을 자세히 살펴본 후, 7부에서는 최고의 영향력을 발휘하는 사람들의 특징을 소개하려 한다. 결국 영향력이라는 것은 무슨 말을 하고 어떤 행동을 하느냐보다는 우리가 어떤 사람인가에 따라 결정되는 경우가 많기 때문이다.

착한 것만으로는
부족하다

착한 사람은 늘 다른 사람들을 챙기다 꼴찌를 할까? 꼭 그렇지는 않다. 그렇다면 착한 사람이 항상 1등을 할까? 이 또한 그렇지는 않다.

타인에게 영향력을 발휘하고자 할 때 착한 성품이 확실히 도움이 되기는 한다. 실제로 친구 관계든, 단순한 교류든, 사업 관계든 상대는 못된 사람보다는 착한 사람을 선호하기 마련이다. 그러나 인생의 모든 측면에서 그렇듯 착한 행동이 상대와의 성공적인 관계를 보장해주진 않는다.

물론 대인관계 기술이 좋은 사람들은 통상적으로 착하기도 하고 대부분 상대에게 진심 어린 친절을 베풀 줄 안다(단, 여기서 '착하다'라는 말과 '친절하다'라는 말은 구분이 필요하다. 겉으로는 친절하게 행동하는데 착한 성품을 갖추지는 못한 경우도 있기 때문이다). 그러나 착한 것만으로는 상대에게 영향력을 발휘할 수 없다. 실제로 독자들도 그저 사람만 좋을 뿐 특별히 성공을 거두거나 타인에게 큰 영향력을 행사하지는 못하는 사람을 본 적이 있을 것이다.

타인에게 영향력을 발휘하고 어떤 면에서든 성공을 거두려면 필요한 일을 적절한 방식으로 해낼 수 있어야 한다. 착한 성품은 그 과정에서 도움이 되지만 그것만으로는 부족하다.

가끔 보면 자신이 너무 착해서 주변에서 자꾸 이용하려 든다고 하소연하는 사람들이 있다. 그러나 이는 타당치 않은 말이다. 착한 사람은 반드시 이용당한다는 법칙이 있는 것도 아니지 않은가.

독자 여러분 중에 혹시 본인이 너무 착해서 다른 사람들에게 휘둘리고, 조종당하고, 이용당한다고 생각하는 사람이 있다면 아래의 문장을 읽어보기를 바란다. 아마도 살면서 들어본 말 중에 가장 도움이 될 것이다.

당신이 착해서 사람들에게 이용당하는 것이 아니다. 그저 당신이 사람들에게 이용당하는 것을 용납한 것이다.

독자들은 이 책을 읽으면서 원하는 것을 얻는 방법을 배우게 될 것이다. 그리고 원하는 것을 당당하게 얻으면서도 늘 타인에게 착하고 친절하게 대하는 법과 이러한 자세의 중요성 또한 깨닫게 될 것이다. 친절한 사람이 된다고 해서 타인에게 이용당할 일은 없으니 필자를 믿고 안심해도 좋다.

이 책의 핵심은 모두 승자가 될 수 있는 상황을 만드는 것이다. 이때 중요한 점은 상대에게 승자가 된 기분을 느끼게 해줌으로써 상대방의 자발적인 협조를 이끌어내는 데 있다.

최고의 영향력을 발휘하는 데 중요한 것은 우리가 원하는 바를 얻으면서 상대방 역시 자신의 선택에 만족하게 하는 것이다.

설득이냐
조종이냐

이쯤에서 독자들은 이런 질문을 던질 수 있다. 상대방이 우리의 의도대로 움직이게 설득하는 것은 곧 상대방을 조종하는 것 아니냐고 말이다.

실제로 설득과 조종의 차이를 질문하는 사람이 많다. 아예 대놓고 필자에게 "설득이 결국 조종 아니에요?"라고 묻는 사람들도 많다.

아주 좋은 질문이고 정당한 질문이기도 하다. 실제로 설득과 조종은 비슷한 의미를 지닌 단어이고, 필자도 이를 부정할 생각은 없다. 결과적으로는 설득도 조종도 영향력을 발휘하여 상대, 혹은 상대 집단의 생각이나 행동을 바꾸는 행위인 것은 맞다.

설득은 상대가 자신의 생각이나 행동, 혹은 양쪽 모두를 일정 부분 조정하게 하는 능력, 그 이상도 이하도 아니다. 설득과 조종은 타인에게 영향을 준다는 점에서는 비슷하지만, 설득은 선한 행동이고 조종은 악한 행동이다. 설득은 상대를 도우려는 좋은 의도로 영향력을 발휘하는 것이지만 조종은 그 반대이기 때문이다. 상대방을 조종하려 하는 사람은 그 상대에게 해를 입히는 것이 목적인 경우가 많다. 그게 아니더라도 자신이 원하는 것을 얻어낼 수만 있다면 상대가 해를 입든 말든 신경 쓰지 않는 경우가 태반이다.

설득도 조종도 그 기반이 되는 인간의 행동과 상호작용에 관한 원칙은 유사하다. 설득을, 혹은 조종을 잘하는 사람들은 이러한 원칙을 잘 이해하고 효과적으로 활용한다. 그렇기 때문에 아래와 같은 말이 있는 것이다.

사람 다루는 기술이 뛰어난 악인만큼 위험한 상대는 없다.

결론적으로 설득과 조종의 원칙이나 수단은 유사하고, 아예 같은 경우도 있다. 그러나 그 결과는 그야말로 하늘과 땅 차이다.

문제는 의도다

폴 W. 스웨츠(Paul W. Swets) 박사는 1986년 출간된 저서 《사람들이 경청하도록 말하는 기술(The Art of Talking So That People Will Listen)》에서 설득과 조종의 의도 차이와 그에 따른 결과의 차이를 아래와 같이 훌륭하게 설명했다.

> 조종의 목적은 협력이 아닌 통제이기 때문에 결과적으로 한 사람이 승자가 되면 다른 사람은 패자가 되는 상황이 발생한다. 이렇듯 조종은 상대의 이익을 전혀 고려하지 않는다. 설득은 이와 정반대다. 설득은 조종과는 달리 상대방의 자부심을 높여준다. 설득에서는 상대방을 책임감 있고 자기 주도적인 인격체로 대하기 때문에 상대가 호의적인 반응을 보이게 된다.

요컨대 설득은 상대를 돕고, 조종은 상대에게 상처를 준다. 상처를 주는 것 자체가 목적이 아니라 해도 상대가 상처를 입든 말든 별로 신경 쓰지 않는다는 점은 분명하다. 상대를 조종할 때에는 자신의 이익에만 눈이 멀어서 행동하므로, 설령 그 결과로 상대가 고통받게 되더라도 신경 쓰지 않는 것이다.

그러나 상대를 조종하려는 사람들이 한 가지 놓친 점이 있다. 조종은 도덕적으로 옳지 않을 뿐 아니라 결국엔 자신에게도 악영향을 주게 된다는 점이 그것이다.

상대를 조종하려는 사람은 돈을 주고 타인을 고용할 수는 있겠지만, 결코 신뢰할만한 팀을 얻을 수는 없다.

조종을 통해 고객을 끌 수도 있겠지만, 결코 그 고객이 단골이 되거나 그 사람을 다른 고객에게 추천하지는 않을 것이다. 게다가 조종한 사실이 드러나면 그동안 형성해온 그나마의 고객층마저 모래성처럼 무너지고 말 것이다.

조종을 통하여 가족을 꾸리고 친구를 만들 수도 있겠지만, 그러한 인간관계는 만족이나 행복보다는 의심과 분노로 채워질 가능성이 크다.

설득에 능한 사람들도, 조종에 능한 사람들도 인간의 동기 유발요인을 잘 알고 있으며, 이러한 지식을 활용하여 상대방으로 하여금 자신이 원하는 행동을 하게 만든다.

그러나 둘을 가르는 중대한 차이가 있다. 바로 상대를 조종하려는 사람은 스스로의 이익만을 생각하지만, 상대를 설득하려는 사람은 상대방의 이익 또한 고려한다는 점이다.

조종을 알아보는 법

그렇다면 우리를 조종하려는 상대를 어떻게 알아볼 수 있을까? 그리고 무의식중에라도 우리 자신이 상대에게 이런 짓을 저지르지 못하도록 방지할 방법은 없을까?

앞서 언급한 바와 같이 설득과 조종은 비슷한 원칙에 기반하지만, 조종에만 나타나는 특징이 있다. 이러한 특징을 잘 알아두는 것은 중요하다. 영향력을 키우고 싶다면 우리를 조종하려는 상대의 수법에 넘어가지 않는 것은 물론이고, 무의식중에라도 상대를 조종하는 실수는 절대 없어야 하니 말이다.

조종자들은 상대의 부정적인 감정을 자극하여 자신의 말에 따르게 만든다.

다시 말해, 조종자들은 상대가 자신의 요구대로 움직이지 않으면 상대의 기분을 상하게 한다. 상대가 이기적이고 세상물정 모르는 어리석은 짓을 하고 있다고 느끼게 하며, 죄책감을 비롯해 온갖 부정적인 감정을 자극하여 기어이 자신이 원하는 바를 이루려고 한다. 이들은 상대를 끊임없이 자극하여 판단을 흐린다. 결국 상대는 부정적인 감정에서 벗어날 수만 있다면 무슨 짓이든 하겠다는 생각으로 조종자가 원하는 대로 움직이게 된다.

그렇다면 우리를 조종하려는 자들을 어떻게 알아볼 수 있을까? 방법은 생각보다 간단하다. 상대의 말을 듣고 아래 두 가지 사항을 체크해보면 된다.

1. 위에 언급한 부정적인 감정 중 하나라도 느껴지는가?
2. 본인의 의지로는 절대 하지 않았을 일을 요구받고 있는가?

그리고 인간은 자유 의지를 지닌 존재이며, 언제라도 상대의 요구를 거절할 수 있다는 점을 항상 명심해야 한다.

상대에게 애정과 신뢰를 가지고 있다고 하더라도 항상 눈앞에서 벌어지는 일을 제대로 파악해야만 한다. 상대의 요청을 수락하기 전에 부정적인 감정이 느껴진다면 왜 그런 것인지 자신에게 자문해보자. 분명히 이유를 찾을 수 있을 것이다.

그렇다면 상대의 요청을 거절할 때는 어떻게 해야 할까? 이 책의 6부에서는 부드러운 표현과 공감능력을 발휘하는 방법을 알아보면서 우아한 거절법도 함께 소개할 예정이다. 이 방법을 익히면 상대에게 핑계를 대지 않으면서도 정중하고 효과적으로 거절할 수 있게 될 것이다. 상대의 요청을 거절하지 못하고 마지못해 수락하는 버릇이 있는 독자라면 큰 도움이 될 것이라 확신한다.

조종은 다양한 형태로 나타나며, 그 의도가 꼭 악의적이라고 볼 수는 없는 경우도 있다. 사실 드물기는 하지만 전혀 부정적이라고 볼 수 없는 조종도 있다. 예를 들어 사람의 생명을 구해야 하는 경우, 약물에 중독된 가족이나 친구를 설득해야 하는 경우라면 조종이든 뭐든 타당한 범위 내에서 할 수 있는 모든 일을 해야만 한다. 제대로 된 사고방식을 지닌 사람이라면 이 말에 반대하지 않을 것이다.

그러나 좋은 결과로 이어질 가능성이 있거나 용서할 수밖에 없는 타당한 이유가 있는 경우에도 조종은 절대 최선의 선택이 될 수 없다.

예를 들어 상대방이 우리는 별로 하고 싶지 않은 위원회의 직책을 맡아달라고 부탁하는 경우를 생각해보자. 상대는 결코 악한 사람은 아니다. 하지만 죄책감을 자극하여 우리에게 그 직책을 맡기려 한다. 상대는 그 위원회가 아주 중요한 것이라 생각하며, 우리가 적임자라고 굳게 믿는다. 자신이 옳은 일을 하고 있다고 생각하기 때문에 우리가 그 직책을 원하는지는 중요하지 않다.

이때 상대는 자신이 우리를 조종하려 하고 있다는 사실을 깨닫지 못할 수도 있다. 그저 자신이 원하는 일을 자신이 가장 잘 아는 방식으로 행할 뿐이다. 이렇듯 사람들은 종종 효과적인 설득 방법을 알지 못해서 조종에 기대기도 한다.

가족이나 친구들 또한 종종 우리를 조종하려 든다. 물론 이들은 그저 사랑하는 사람이 잘 되기를 바라는 마음에서 그러는 것이다. 예를 들어 안정적인 직업을 버리고 과감히 독립하겠다는 우리를 걱정해서 과거의 뼈저린 실패를 상기시키려 하는 경우가 있다.

비록 이들의 수단은 부정적이지만, 의도는 전혀 그렇지 않다.

그렇다고 해도 이 또한 조종임은 틀림없다. 필자는 위원회의 직책을 맡는 것이 옳은지 그른지 따지려는 것이 아니다. 가족이나 친구의 조언에 귀를 닫으라는 것도 아니다. 요점은 모든 결정의 기준이 자신의 가치와 욕구여야 한다는 점이다. 누군가의 조종을 받아서가 아닌 스스로의 마음으로 내린 결정이어야 한다.

설득자의 자기 점검

영향력을 발휘하고자 할 때에는 늘 자신의 동기를 점검하고, 긍정적인 설득과 부정적인 조종의 차이를 명심해야 한다.

우리는 인간이기 때문에 상대방을 지독하게 조종하면서도 "악의는 없었다"거나 "상대를 위해서"였다고 합리화한다. 본래 인간은 뭔가를 너무 강렬하게 원하면 모든 것을 손쉽게 합리화해버린다. 이런 상황에서는 자신에게 '합리적인 거짓말'을 하고 있다는 사실을 자각하기가 쉽지 않다.

하지만 당신이 최고의 영향력을 발휘하고자 한다면 이 사실을 항상 염두에 두고 행동해야 한다. 행동에 나서기에 앞서 항상 스스로에게 '내가 하려는 행동이 어떤 방식으로든 상대에게 해가 되거나 상대의 이익에 반하는가?'라고 자문해봐야 한다는 말이다 (물론, 이 질문에마저 합리적 거짓말을 동원하며 답한다면 곤란하다).

우리는 물건이나 서비스를 판매할 때에 그 물건이나 서비스가 상대방에게 이득이 될 것이라고 합리화하곤 한다. 하지만 과연 상대에게 이득이 될지 여부를 우리가 결정할 수 있을까?

물론 합리화가 아니라 실제로 그 물건이나 서비스가 상대에게 도움이 되리라고 확신하는 경우도 있을 것이다. 이러한 경우, 우리의 책임은 상대가 무엇이 최선인지를 깨닫도록 설득하는 것이다. 단, 우리의 결정을 상대에게 밀어붙이거나 우리의 말을 듣도록 조종하려 해서는 안 된다.

잠재적인 고객이 한 명 있다고 치자. 그 고객은 우리가 소개하는 물건이 자신의 삶에 얼마나 큰 도움이 될지 아직 깨닫지 못한 상태다. 여기에서 우리는 설득에 나선다. 설득은 경청, 질문, 이해, 제안을 통하여 이루어진다.

우리의 설득으로 물건을 구입하고 놀라운 효과를 체험한 그 고객은 설득의 과정에서 우리가 보인 인내심과 자신을 돕는 데에

들인 시간에 감사해 하며 다른 고객들에게 우리를 추천할 것이다. 이렇게 되면 일은 한층 쉬워진다. 그 고객이 소개한 고객들은 이미 우리에게 호감과 신뢰를 품고 있을 것이고, 우리가 판매하려는 물건에 대해서도 긍정적으로 생각할 것이기 때문이다.

재차 강조하지만, 좋은 의도만으로는 부족하다. 상대방에게서 불쾌감, 죄책감 등 부정적인 감정이 감지된다면 의도야 어쨌든 우리가 하는 것이 설득이 아닌 조종일 가능성이 크다. 상대의 목숨이 위태로운 급박한 순간, 위험에서 구하려는 경우가 아니라면 결과가 수단을 정당화할 수는 없다.

늘 자신의 진짜 내면에 귀를 기울인다면 내면의 목소리가 우리를 올바른 길로 인도할 것이다. 앞서 언급한 조종이 가져오는 부정적인 감정이 조금이라도 느껴진다면 설득의 길을 벗어난 것이다.

결론을 내리자면, 설득은 긍정적인 것이고 조종은 부정적인 것이다. 타인이 우리를 조종하는 것을 원하지 않는 만큼 우리 또한 타인을 무의식중에라도 조종하려 해서는 안 된다.

타인에게 영향력을 발휘하려 하는 긍정적인 설득자로서 우리가 지향할 수 있는 최상의 목표는 타인을 돕는 동시에 우리 스스로를 돕는 것이다. 그리고 가장 소극적인 목표는 타인에게 해를 끼치지 않고 우리가 바라는 바를 이루는 것이다.

PART 2

감정을 다스려라

|

감정 조절은 모든 것의 시작이다

자기 통제는 바른 인성의 기본 덕목이다.
극단적인 도발에도 한 치의 흔들림 없이 침착하고 신중하게 상대의 눈을
똑바로 바라볼 수 있는 능력은 비할 데 없이 강력한 힘을 보여준다.
한순간의 예외도 없이 자신을 완벽하게 통제할 수 있다면
강인하면서도 품격 있는 인성을 갖춘 것이다.
자기 통제는 바른 인성의 견고한 지지대이며, 깨달음의 정점이다.

|

오리슨 스웨트 마든(Orison Swett Marden)
《평화, 힘, 그리고 풍요(Peace, Power & Plenty, 1909)》

주차할 공간도 많았는데 그날따라 마음이 급했다. 잘 살피지도 않고 차를 대려다 바로 옆에 막 차를 세우고 내리는 남자를 보지 못한 채 후진하고 말았다. 다행히도 충분한 거리를 두고 브레이크를 밟았지만, 남자는 많이 놀란 것 같았다. 그는 불쾌감을 한껏 드러내며 필자를 노려보았다.

여기서 남자가 필자에게 보인 것은 반사적인 '반응'으로, 어찌 보면 당연한 일이다. 이제 어떻게 답할지는 필자의 선택에 달렸다. 남자처럼 이 상황에 '반응(react)'할 것인가, 아니면 침착하게 '대응(respond)'할 것인가? 침착한 대응에는 자칫 거북하게 흘러갈 수 있는 상황을 진정시키고 잠재적인 적을 친구로 바꾸는 힘이 있다. 필자는 대응을 택했고, 즉시 손을 들어 미안하다는 몸짓을 한 다음, 진심을 담은 미소를 지으며 입 모양으로 "죄송해요"라고

말했다.

그러자 남자도 반응이 아닌 대응으로 답했다. 웃으며 손을 젓고는 바로 "괜찮아요"라고 말한 것이다. 필자가 차에서 내리자 남자는 "차에서 내리기 전에 주위를 살폈어야 하는데 저도 죄송해요"라고 말했다.

이 변화가 믿어지는가? 필자는 이 일에 강한 인상을 받았고 지금까지도 기억하고 있다. 이것이 특별한 사건이었기 때문이 아니라 오히려 일상에서 언제라도 일어날 수 있는 일이기 때문이다. 이 작은 사건은 필자에게 다시 한 번 깨달음을 주었다. 격한 대립으로 번질 가능성이 있는 일들은 대부분 생각보다 간단하고 단순한 방법으로 막을 수 있다는 깨달음이었다.

물론 방법은 상황에 따라 다르겠지만, 기본적인 원칙은 같다. 자신의 감정을 다스리고 주어진 상황에 반응이 아닌 대응을 보일 수만 있다면 거의 모든 상황을 유리한 방향으로 이끌 수 있다.

감정 다스리기는 최고의 영향력을 기르기 위한 첫걸음으로, 항상 다른 모든 것에 선행되어야 한다.

유대교 랍비이자 작가인 모셰 골드버거(Moshe Goldberger)는 저서 《당신의 분노를 감시하라(Guard Your Anger)》에서 "신께서는 굴에게 거슬리는 모래 한 알을 진주로 바꿀 수 있는 능력을 주셨다. 인간 또한 굴을 본받아 모든 시련을 발전의 계기로 삼아야 한다"고 썼다.

살면서 만나게 되는 분노한 이들, 우리를 비난하거나 우리의 의견에 반대하는 사람들, 고난스러운 역경들은 우리만의 진주를 만들 기회다. 그리고 이 진주를 만들기 위한 첫걸음은 바로 자기 자신을 다스리는 것이다. 주어진 상황에서 우리가 통제할 수 있는 유일한 것은 결국 우리 자신뿐이기 때문이다.

1부를 읽다 보면 앞서 인용한 오리슨 스웨트 마든의 말이 얼마나 중요한지 깨달을 수 있을 것이다. 감정을 다스리는 법을 완벽히 익혀야 비로소 다른 사람들과의 관계에서 성공을 거둘 준비를 시작할 수 있다. 앞으로 소개될 다양한 예시를 통하여 자연스럽고도 효과적으로 감정을 다스릴 수 있는 자세한 방법을 함께 살펴보도록 하자.

대응할 것인가
반응할 것인가

잠재적인 적과 직면한 상황에서 우리는 늘 선택의 갈림길에 서게 된다. 우리는 상대에게 이성적으로 대응할 수도 있고 감정적으로 반응할 수도 있다.

얼핏 비슷해 보일 수도 있는 이 두 단어 사이에는 상당히 큰 차이가 있다. 25년도 더 지난 일이지만 한 라디오 프로그램에 출연한 지그 지글러(Zig Ziglar, 연설가이자 베스트셀러 작가 – 옮긴이)가 청취자에게 "의사가 병에 '대응'하여 처방해준 약은 잘 들던가요? 혹시 몸에 안 좋은 '반응'이 있었던 건 아니죠?"라고 물은 적이 있다. 필자는 이 문장이야말로 두 단어의 차이를 명확하게 보여준다고 생각한다.

진정 강한 사람은 감정을 철저히 다스림으로써 감정이 행동을 좌우하지 못하게 막는다. 감정을 조절할 수 있다면 원하는 바를 이룰 수 있을 뿐 아니라 자신이 원하는 사람이 될 수도 있다. 앞서 소개한 오리슨 스웨트 마든의 인용구 내용처럼 바른 인성을 발휘하려면 무엇보다 자신을 완벽하게 통제할 수 있어야 한다.

'반응'을 한다는 것은 대하기 어려운 사람이나 상황 등 외부적인 요인에 통제권을 넘겨준다는 의미지만, '대응'은 이와 다르다. 대응은 자신의 감정과 행동을 스스로 통제하는 것이기 때문이다.

필자의 아버지가 자주 하시는 말씀을 빌자면 "내가 나의 주인이다"라는 마음가짐을 가져야 부정적인 방향으로 흐를 가능성이 있는 상황을 모든 이에게 긍정적인 상황으로 바꿀 수 있다.

반응이 아닌 대응을 택하면 다양한 변화가 나타날 것이다. 우선 단기적으로는, 일상에서 맞닥뜨리는 갖가지 난처한 상황을 스스로 잘 다룰 수 있다는 믿음이 생겨서 모든 상황에서 편안함과 침착함을 유지할 수 있다. 그뿐만 아니라 상황에 적절히 대처했다는 만족감 또한 누릴 수 있을 것이다.

장기적으로는 진정한 자신감을 얻을 것이다. 예전 같았으면 당황해서 어쩔 줄 모르다 하루를 통째로 망쳤을지도 모르는 수많은 상황에 성공적으로 대응함으로써 이러한 자신감이 샘솟는다.

물론 상황에 제대로 대응하지 못하고 망쳐버리는 경우도 여전히 발생할 것이다. 필자 또한 경험한 바 있다. 그러나 그 횟수는 현저히 줄어들 것이고, 그런 일이 발생할 때마다 교훈으로 삼아 문제를 개선하면 다음번에는 더 잘 대응할 수 있다.

그렇다면 대응 능력은 어떻게 개발해야 할까? 다른 기술을 개발할 때도 그랬듯이 연습만이 살 길이다. 우선은 일상생활에서 반응이 아닌 대응을 하겠다는 목표를 세워보자. 그런 다음 아래 제시한 것과 같은 구체적인 계획을 세우면 된다.

1. 반응이 아닌 대응을 보일 수 있는 상황을 상상해보고, 그 상황에 완벽하게 대응하는 자신의 모습을 생생하게 그려본다. 우주 비행사가 임무 투입에 앞서 비행 과정과 경로를 그리는 시뮬레이션을 하듯, 상황을 하나하나 상상해보는 것도 좋은 연습이 될 수 있다.
2. '대응 대 반응'이라고 쓴 노란 접착식 메모지를 전화기, 컴퓨터, 욕실 거울 등 눈에 띄는 곳에 붙여놓는다.
3. 하루를 정해서 평소라면 어렵게 느껴졌을 사람이나 상황에 적절히 대응하는 연습을 하고 자기 자신을 극복했다는 작은 승리의 기쁨을 누려보자. 이런 작은 승리의 기억은 뇌에 입력되어 미래에 유사한 상황이 닥쳤을 때에 성공적으로 대응할 수 있게 한다.
4. 원한다면 하루 일과를 마친 후 자신에게 1부터 10까지 점수를 주는 방법도 좋다. 처음에 점수가 낮더라도 실망하지 말고 점점 오르는 점수를 보며 기쁨을 누려보자. 노력하면 점수는 반드시 오르게 되어 있다.

위에 열거한 시뮬레이션, 메모, 자기 채점 등의 방법을 끝없이 반복해야 하는 것은 아니다. 자동으로 대응이 반응보다 먼저 나올 때까지만 하면 충분하며, 이후에는 이를 염두에 두고 행동하면 된다.

필자를 포함한 많은 이들에게 이는 늘 노력해야 하는 숙제와도 같다. 그러나 노력할 만한 충분한 가치가 있는 일이기도 하다.

언어적 공격에
효과적으로 대응하기

전화기를 들었는데 수화기에서 난데없이 분노에 찬 목소리가 터져 나온다. 상대는 공격적인 말들을 마구 쏟아내고 있다. 즉, 우리는 지금 언어적인 공격에 직면한 것이다. 상대는 우리가 평소에 잘 아는 사람일 수도 있고, 구입한 물건에 불만이 있는 고객일 수도 있다. 상대가 누구든 이런 상황에 능숙하게 대처하기란 쉽지 않다.

아마도 갑작스러운 공격에 당황해서 상대와 똑같이 고약한 말을 하며 언성을 높이거나 무기력하게 듣고만 있을 가능성이 크다. 아마 상황이 종료되고 나면 그야말로 폭탄을 맞은 듯 기진맥진한 기분일 것이다. 말 폭탄도 폭탄이기는 마찬가지니 말이다.

적을 협력자로 바꿀 수 있는 기술을 아무리 연마해도 이렇게 언어적 공격을 당하면 당황할 수밖에 없다. 이유는 단순하다. 갑작스럽기 때문이다.

그렇다면 어떻게 해야 언어적 공격에 효과적으로 대응하여 상황을 해결하고 반전시킬 수 있을까?

우선 놀라지 말자

그렇다면 기습적인 공격에 당황하여 허둥대지 않도록 미리 준비하는 방법을 알아보자. 그다음에는 사태를 효과적으로 진정시키고 통제하기 위하여 쓸 수 있는 구체적인 표현을 살펴보도록 하겠다. 이 두 가지를 익히기만 하면 우리를 공격하던 적은 어느새 우리의 말에 따르는 협력자가 되어 있을 것이다.

1단계 : 언어적 공격은 언제든 일어날 수 있는 일임을 인식하자. 살면서 언어적 공격을 한 번도 겪어보지 않은 이는 없다.

2단계 : 그 어떤 경고나 전조도 없이 갑자기 언어적인 공격에 노출된 상황을 떠올리고 침착하게 자신의 감정과 상황을 완벽히 통제하는 모습을 그려보자.

마음속에 그릴 수 있다면 실제로도 할 수 있다.

우주 비행사가 실제 우주로 나가기 전에 수많은 시뮬레이션을 통하여 훈련하듯 마음속에 그리며 연습을 반복하다 보면 실제로 언어적 공격에 직면했을 때에 상황을 해결할 능력을 갖출 수 있다.

실제 공격에 직면했을 때의 대응

심기가 불편해 보이는 고객이나 친구, 동료나 가족이 우리에게 다가와 화난 것 같은 말투로 작은 언어적 공격을 개시한다고 생각해보자. 우리는 어떻게 해야 할까?

3단계 : 우선 다른 행동을 취하기 전에 자신의 감정을 다스리고 반응이 아닌 대응을 보이자. 침착함을 잃지 말고 심호흡을 한 후 상대가 하는 이야기를 경청해보자. 이때 상대의 말에 끼어들면 그야말로 불난 집에 부채질하는 격이 된다. 상대의 이야기에 충분한 관심을 보이되 부정적인 감정을 보여서는 안 된다.

4단계 : 상대가 마침내 말을 멈추면 이렇게 말하라. "제가 사과해야 할 것 같네요. 혹시 제 말이나 행동이 당신을 불쾌하게 했나요?"

이렇게 물으면 상대는 두 가지 중 하나로 답할 것이다.

우리에 대한 직접적인 불만은 없지만, 그저 기분이 좋지 않아서 언어적 공격을 했던 거라면 자신의 행동이 부적절했다는 점을 깨달을 것이다. 그러면 "죄송해요. 그런 건 아니고 그냥 오늘 제 기분이 좀 안 좋아서요. 힘든 하루를 보냈거든요"라고 말하며 사과

할지도 모르는 일이다.

> 5단계 : 상대가 그렇게 말하면 우리는 "이해해요. 누구나 그럴 때가
> 있으니까요. 혹시 제가 도울 일은 없나요?"라고 말하며 상
> 대에 대한 공감을 표할 수 있다.

그저 기분 탓이 아니라 불만을 제기할만한 합당한 이유가 있
는 경우라고 해도 적절한 대응으로 상황을 개선할 수 있다. 상대
방이 우리를 적이 아니라 자신을 돕고자 하는 사람으로 인식하
면 한층 더 정중하고 논리적인 방식으로 대화를 풀어갈 자세를
보이기 때문이다.

둘 중 어떤 경우든 반응이 아닌 대응을 보이는 것이 중요하다.
대응은 시디신 레몬을 달콤한 레모네이드로 바꾸듯, 적을 협력자
로 바꾸는 비결에 한 걸음 더 가까이 다가가게 해준다.

그래도 해결이 안 된다면

대부분의 상황은 위에 든 예시처럼 간단하게 해결되지만 늘 그렇
지는 않다. 합당한 불만을 제기하는 상대가 우리의 대응에 만족
하지 못할 수도 있으니 말이다. 이런 경우, 상대는 목소리를 높여
자신이 하려는 말을 전달할 것이다.

이렇게 상대방이 언성을 높인다고 우리도 함께 언성을 높여서

는 곤란하다.

처음에는 언어적 공격이 없었다고 하더라도 의견 충돌이 계속
되다 보면 상대를 공격하게 될 수도 있다. 가령 대화를 나누다 어
느 순간 적대적으로 변해서 서로 말을 주고받을수록 언성이 높아
지는 상황이 되었다고 하자. 이런 경우, 목소리를 더 높여 주장하
면 상대가 우리의 의견을 받아들일지도 모른다고 생각하기 쉽다.

하지만 이것은 그야말로 착각이다.

우선 언성이 높아진 상황에서는 아무리 크게 말해도 서로의 목
소리가 제대로 들리지 않는다. 게다가 들린다고 하더라도 상대가
우리의 말에 귀 기울일 리가 없다.

믿기지 않겠지만, 상대가 우리의 말을 듣게 하려면 일단 목소리
를 낮춰야 한다.

그렇다. 언성이 점점 높아지는 상황에서는 우선 한발 물러서야
한다. 감정을 다스리고 침착함을 되찾은 다음 부드럽게 말하라.
그러면 상대방도 우리의 말을 듣기 위해 잠시 말을 멈출 것이고,
그 이후에는 양쪽 모두 한결 편안한 마음으로 대화에 임할 수 있
을 것이다.

이때부터 하고 싶은 말을 하면 된다. 우리가 목소리를 낮추면
상대방도 십중팔구 함께 목소리를 낮출 것이다. 그렇게 되면 서

로의 말을 들을 수 있다. 이렇게 양쪽 모두 승자가 되는 것이다.

언어적 공격을 효과적으로 다루려면 자신이 처한 상황을 제대로 인식해야 한다. 즉 감정이 행동을 지배하고 있다는 점을 인식하고 다시 논리와 침착함을 되찾는 것이다.

위에 소개한 내용을 염두에 두고 행동한다면 타인의 언어적 공격에 능수능란한 대응을 보이는 것은 물론이고, 자신에게도 타인에게도 더욱 효과적이고 생산적인 사람이 될 것이다.

항상 침착한 태도를
유지하라

사람들은 침착하고 사려 깊은 사람을 좋아하고 신뢰하며 존경한
다. 이런 사람들이 더 큰 영향력을 발휘한다는 것은 두말하면 잔
소리일 것이다. 침착함을 '기본 설정(default setting)'으로 삼는다면,
다시 말해 늘 침착한 태도를 유지한다면 누구나 이런 사람이 될
수 있다.

컴퓨터 공학에서 '기본 설정'이란 운영 체제가 자동으로 적용하
는 일련의 기본적인 설정이나 변수를 뜻한다. 기본 설정은 사용자
가 취소하거나 재설정하지 않는 이상 늘 같은 값으로 유지된다.

사람에게 대입해본다면 기본 설정은 외부의 자극에 대한 우리
의 자연적인 반응이다. 즉 인간도 컴퓨터처럼 늘 하던 대로 하는
경향이나 설정이 있는 것이다.

지금까지 자신이 불편한 상황에 놓였을 때 기본적으로 어떤 반

응을 보였는지 떠올려보자. 긴장하거나 당황했는가? 분노하거나 초조해하고 극도의 흥분상태에 빠졌는가? 혹시 소리를 지르거나 적대적인 태도를 보이고 강압적으로 행동하지는 않았나? 자신도 모르게 이런 식으로 행동했다가 과민한 반응이었다고 후회해본 적은 없는가? 물론 그조차도 깨닫지 못하는 사람들도 많기는 하지만 말이다.

아니면 당신은 위기 상황에서 더욱 침착해지는 유형의 사람일 수도 있다. 이런 사람들은 상황을 이성적으로 판단하고 통제력을 잃지 않는다. 신중하게 상황의 모든 면을 살펴보고자 자연스럽게 한 발짝 물러나 생각하기도 한다.

압박감을 느끼는 상황에서의 대응 능력은 문제해결 능력, 해결책에 집중하는 능력, 리더로서의 능력에 정비례한다. 여기서 리더로서의 능력이란 가족 구성원이나 자신이 속한 팀의 팀원들을 이끄는 능력, 혹은 사업을 지휘하는 능력을 의미한다. 중요한 내용이므로 반드시 기억해두자.

압박감을 느끼는 상황에서의 대응 능력은 문제해결 능력, 해결책에 집중하는 능력, 리더로서의 능력에 정비례한다.

기본 설정을 재정의하라

한 가지 희소식이 있다면 우리의 운영 체제를 운영하는 주체가 바

로 우리 자신이라는 것이다. 따라서 우리는 자신의 기본 설정을
재정의하고, 나아가 타인의 재설정 또한 도울 수 있다.

에이본(Avon)의 성공적인 방문판매 컨설턴트 리사 윌버(Lisa
Wilber)의 이야기는 기본 설정의 재정의를 보여주는 완벽한 예시
다. 리사는 에이본에서 4위를 달리는 판매왕이자 자기계발 기업
'당신 안의 승리자(The Winner in You)'의 대표이기도 하다. 어느 날,
리사의 휘하에 있는 판매원 한 명이 당황한 목소리로 전화를 걸
어 "끔찍한 문제"가 생겼다고 말했다.

따옴표를 쓴 것에서 이미 예측했겠지만, 문제는 전혀 끔찍하지
않았다. 이야기를 들어보니 그저 조금 불편할 수도 있는 상황이
었다. 전화를 건 판매원은 문제에 직면했을 때의 기본 설정이 '당
황'인 사람이라 흥분하고 격앙된 상태에서 리사에게 연락했던 것
이다.

다행히 리사의 기본 설정은 '침착함'과 '평정심'이었다. 전화를
받은 리사는 당황한 판매원과 상황을 논의하며 함께 해결책을 마
련했다.

이 모든 일은 리사의 기본 설정이 침착함이었기에 가능했다. 그
덕에 리사는 전화를 건 판매원이 상황을 전체적으로 조망하도록
도울 수 있었다.

우리는 살면서 해결하기 어려운 여러 문제에 직면하게 된다. 이
때 그 문제가 개인적인 것이든, 공적인 것이든 항상 침착한 태도
로 접근해야 한다. 침착함만 유지할 수 있다면 문제를 더 쉽게 파

악하고 성공적으로 대처하여 해결할 수 있기 때문이다.

하지만 일생을 함께한 기본 설정을 바꾸는 것이 정말 가능할까? 물론 가능하다. 아래에 소개한 여섯 단계를 통하여 침착함으로 가는 '리셋(reset)' 버튼을 눌러보자.

1. 스스로 변화를 원한다고 의식적으로 결정하고, '침착함'을 기본 설정으로 삼겠다고 결심한다.
2. 자신에게 발생할 가능성이 있는 불편한 상황에 침착하게 대응하는 자신의 모습을 생생히 그려본다.
3. 실제로 그런 상황이 발생하면 상상 속에서 그려본 대로 침착하게 대응한다.
4. 결심대로 침착하게 대응하지 못한 경우에도 절대 자책하지 않는다(누구나 실수는 한다는 사실을 명심하자).
5. 침착한 대응으로 성공을 거둔 경우, 자신을 칭찬하고 그 만족감을 충분히 누린다.
6. 한 번 성공했으니 앞으로도 언제든 할 수 있다는 사실을 분명히 인지한다.

모두가 흥분한 상황에서 침착함을 유지하는 능력은 우리를 차별화하는 또 다른 큰 장점이다. 이러한 능력을 활용하면 상대방을 더욱 부드럽게 설득할 수 있으며, 적을 협력자로 바꾸는 데에도 도움이 된다. 리사의 이야기가 보여주듯 침착함을 유지하는 사람은 자신뿐 아니라 주변 사람이 처한 상황까지도 다스릴 수 있기 때문이다. 이러한 사람이 바로 강력한 영향력의 소유자이자 훌륭한 리더다.

필자가 가장 좋아하는 책 중 하나인 제임스 앨런(James Allen)의 1915년 작 《위대한 생각의 힘(As a Man Thinketh)》에 이런 구절이 있다. "평온함을 유지할 수 있는 사람은 더 큰 성공과 영향력과 선한 능력을 갖출 수 있다. 평온한 이는 가뭄 속의 시원한 나무그늘이며, 폭풍 속의 든든한 피난처와 같다."

리사는 전화를 건 판매원에게 앨런이 말한 존재가 되어주었고, 그 덕에 판매원은 어려운 상황을 헤쳐나갈 수 있었다.

타인의 기본 설정 안에서 문제 해결하기

필자는 몇 년 전 제임스 레드필드(James Redfield)의 베스트셀러 《천상의 예언(The Celestine Prophecy)》에 소개된 통제 드라마(control dramas)라는 개념에 영감을 받아 '개인 드라마(personal dramas)'라는 개념을 만들었다. 개인 드라마는 타인과의 갈등 등의 스트레스 상황에서 자신도 모르게 보이는 감정적인 반응이다. 이러한 반응은 무의식적으로 발현되기 때문에 자신이 그런 행동을 하고 있다는 사실을 깨닫지 못한다. 그 결과 우리는 그저 자신의 역할과 반응에 충실하게 행동하면서도 상황을 잘 통제하고 있다고 착각하게 된다.

누구나 어느 정도는 이런 증상이 있지만, 구체적인 반응 방식은 사람에 따라 다르다. 분노하는 이가 있는가 하면 당황하는 이도 있고, 상황을 지배하려 하는 사람이 있는가 하면 피해자처럼 구는 사람도 있다.

사람마다 각자의 '개인 드라마'가 있다는 발상은 '기본 설정'에 대한 깨달음으로 이어졌다.

우선 필자는 사람들이 기본 설정으로 회귀하는 경향을 보인다는 사실을 감지했다. 그러나 대부분의 사람은 이런 경향을 깨닫지 못해서 말다툼이 일어나거나 사태가 악화되는 경우도 있었다.

이에 필자는 의식적으로 자신의 기본 설정을 변경하고 타인의 설정 또한 긍정적으로 변화시킬 수 있다면 좀 더 강한 영향력을 발휘할 수 있으리라고 가정했다. 실제로 수년간 실생활에 적용해 본 결과 필자의 생각이 옳다는 것을 알 수 있었다. 상대의 기본 설정에 긍정적인 변화를 주자 갈등 상황을 다루기가 한결 쉬워졌고, 잠재적인 적을 협력자로 만드는 일도 수월해졌던 것이다.

누구나 이렇게 할 수 있다. 다음의 3단계를 그대로 따르기만 하면 된다.

1. 필요한 경우 자신의 기본 설정을 바꾼다. (앞서 소개한 6단계를 활용한다.)
2. 상대방의 기본 설정을 관찰하고 이해한다.
3. 상대방의 기본 설정 안에서 적절히 대처한다.

세 번째 단계에 대해서는 필자가 직접 겪은 일을 예시로 들어보겠다.

필자에겐 수년간 알고 지내며 업무를 도와준 '조'라는 친구가 있다. 그는 좋은 사람이고, 업무 처리 능력도 뛰어나다. 조의 유일한 문제는 기본 설정이다.

조는 압박감을 느끼는 상황에서는 우선 '못 한다'고 손사래부터 친다. 일을 요청하려고 할 때마다 '불가능'하다고 말하는 것이다.

이것이 조의 습관적인 반응 즉, 기본 설정이었다. 비록 이런 문제가 있지만, 조는 기본적으로 좋은 사람이고 늘 자신의 일을 완벽하게 해냈다. 필자를 곤경에서 구해준 적도 한두 번이 아니었다.

또한 필자가 조에게 요청하는 일들은 전혀 불가능한 일이 아니었으며, 실제로 조 자신도 늘 주어진 일을 완벽하게 해내곤 했다.

그럼에도 우선 불가능하다고 말하는 것이 조의 기본 설정이었다. 필자는 그의 설정 자체를 바꾸기보다는 주어진 설정 안에서 해결책을 찾고자 했다. 스트레스 상황에서 조가 어떤 기본 설정을 따르는지 이해했으니 그것이 지나가기를 잠자코 기다리는 것이다. 예를 들어, 필자가 필요한 게 무엇인지를 조에게 말하면 조는 우선 '안 된다', '불가능하다'라고 말했다. 그러나 잠자코 들으며 몇 분 더 기다리면 그는 이리저리 생각하며 가능성을 따져보고 다시 '할 수 있다'고 말했다. 그리고는 실제로 그 일을 해냈다. 이 과정은 지금도 매번 똑같이 되풀이되고 있다.

요컨대 조는 스트레스를 느끼는 상황에서 '할 수 없다'고 말함으로써 일단 한숨을 돌렸다. 이런 조에게 필자가 바로 불만을 제기하며 '왜 안 되느냐'고 '전에도 한 적이 있지 않느냐'고 바로 따져 물으면 조는 더 큰 당혹감에 빠지고 결국 해결책은 더 멀어진다. 그 대신 필자는 조가 자신만의 사고 과정을 밟을 수 있는 시간을 주었고, 결과는 성공적이었다.

모두의 기본 설정은 다르다

'수'는 필자의 오랜 친구다. 고맙게도 수는 필자를 멘토로 생각하고 있어서, 새로운 시도가 필요해지면 늘 필자에게 신뢰를 보이며 상의해온다. 워낙 친한 사이여서 수가 따로 묻지 않아도 먼저 의견을 알려줄 때도 있다.

그런데 내가 제안했을 때 수가 처음에 보이는 반응은 한결같다. 제안을 듣자마자 걱정스러운 표정으로 "나한테는 좀 무리일 것 같아"라거나 "그건 나랑 좀 안 맞을 것 같아"라고 말하는 것이다.

이것이 수의 기본 설정이다. 그녀의 기본 설정을 깨달은 후부터 필자는 새로운 제안을 한 후 재빨리 이렇게 덧붙인다. "당장 결정할 필요는 없어. 네게 좋은 선택일 수도 있지만 아닐 수도 있으니까, 하루쯤 천천히 생각하면서 여러 가지 경우를 생각해 봐."

"당장 결정할 필요는 없어"라는 말과 "하루쯤 천천히 생각해봐"라는 말은 수에게 비상구와 같다. 수와 같은 기본 설정을 가진 사람들은 새로운 시도를 하기 전에 모든 측면을 살펴봐야 안심하는 유형이어서 탈출할 수 있는 비상구를 만들어주면 더욱 편안한 마음으로 자신 있게 행동한다. 이렇게 압박감을 덜어주면, 이들은 감정적인 반응이 아닌 이성적인 대응을 통한 결정을 내릴 수 있다.

"그럴 수도 있고 아닐 수도 있다"는 표현 또한 일종의 탈출구가 되어줄 수 있다. 즉각적인 선택을 종용하지 않으므로 마음이 편안해지는 것이다.

이러한 방법을 사용했더니 수는 자동반사적인 기본 설정이 아니라 논리에 근거한 결정을 내렸다.

수많은 기본 설정 중에는 우리에게 도움이 되는 것도 있고 그렇지 않은 것도 있다. 분명한 점은 누구에게나 자신만의 기본 설정이 있다는 것이다. 우리가 영향력을 행사하고자 하는 상대는 우리의 가족이나 친구일 수도 있고, 동료나 잠재 고객일 수도 있으며, 스쳐 지나가는 낯선 사람일 수도 있다. 상대를 막론하고 영향력을 발휘하려면 모든 이에게 각자의 기본 설정이 있다는 것을 인식하고 그 설정 안에서 효과적인 해결책을 찾아야 한다.

요컨대 상대방이 자신만의 기본 설정을 성공적으로 운영할 수 있도록 도와야 한다. 그래야만 상대를 이끌고 설득하여 자신의 영향력을 키우고 해결책 위주의 결정과 결과를 이끌어낼 수 있다.

그렇다면 상대방의 기본 설정 내에서 해결책을 찾는 것 외에 그들의 설정 자체를 변경하는 것도 가능할까? 물론 가능하지만, 그러려면 무엇보다 상대방이 스스로 원해야 한다.

또 한 가지 명심할 것이 있는데, 갈등이 진행 중인 상황에서는 기본 설정의 변화가 불가능하다. 서로 기본 설정에 이미 발동이 걸린 상태이기 때문이다. 기본 설정의 변화는 감정적인 상태에서 벗어나야만 가능하다.

분노를
극복하라

우리는 주변 사람들에게 화를 낼 때 그들이 우리를 '화나게 만든
다'고 한다. 그러나 이는 사실이 아니다. 타인이 우리를 화나게 만
들려면, 먼저 우리 자신이 그것을 받아들여야 한다. 그러므로 이
들은 우리를 화나게 만드는 것이 아니라 의도적으로, 혹은 비의
도적으로 우리 내면에 있는 분노 반응을 이끌어낼 뿐이다. 결코
쉽지 않은 일이기는 하지만 이렇게 분노를 유발하는 타인에게 영
향을 받지 않는 사람이야말로 주변에 큰 영향력을 발휘할 수 있
는 사람이다.

　물론 살다 보면 정당한 분노가 필요한 순간이 있다. 예를 들어
사랑하는 사람이 다치거나, 부당한 일을 당했을 때처럼 말이다.
이러한 정당한 분노를 효과적으로 활용하면 긍정적인 결과로 이
어질 수 있다. 그러나 이 책에서 말하는 분노는 부정적이고 비생

산적인 분노에 국한한다.

분노와 '최고의 영향력'은 어떤 관계가 있을까? 책의 서두에 언급한 바와 같이 진정 강한 사람은 자신의 감정을 통제할 수 있는 사람이다. 이는 적을 동지로, 상대방을 친구로 만들기 위해 꼭 필요한 일이기도 하다.

분노는 사람들이 멀어지게 만든다. 분노로 상대를 굴복시킬 수 있을지는 몰라도, 결코 자발적인 참여는 이끌어낼 수 없다.

그래서 지혜로운 사람들은 늘 침착한 태도를 유지한다. 이들의 이러한 태도는 주변 사람들의 존경과 신뢰를 이끌어낸다.

필자는 수년간 분노 때문에 어려움을 겪어왔다. 분노의 근원은 자존감 부족과 자의식 과잉이었다. 평소엔 주변 사람들에게 친절했지만, 부당한 일을 당했다는 생각이 들면 자존심에 상처를 입고 이를 개인적인 일로 받아들였다. 결국에는 필자를 화나게 한 그 일에만 온 신경을 집중하곤 했다.

분노와 그 앙금은 점점 필자를 좀먹어갔다. 그러다 어느 순간 이대로는 곤란하겠다는 생각이 들었다. 필자는 평소에 개선이 필요하다 생각했던 다른 성격상의 결함과 분노를 조절하기 위해 성격 개조에 들어갔다. 다행히도 결과는 성공적이었고, 이제 분노 문제는 사라졌다. 현재 지인들은 예전의 필자에게 그런 문제가 있었다는 사실을 쉽게 믿지 못한다.

이렇듯 분노 문제가 해결되면서 필자는 더욱 행복해졌을 뿐만 아니라 영향력이나 설득력, 그리고 타인을 도울 수 있는 능력이

향상된 것을 실감했다. 분노를 조절한다면 누구나 이런 변화를 경험할 수 있다.

우리 몸을 이루는 세포 하나하나는 정신의 지배를 받으므로 불필요한 분노나 원망이 신체적인 증상으로 나타날 수도 있다. 필자는 분노로 말미암아 고통을 받았지만, 분노의 대상이 된 이들은 거의 신경도 쓰지 않았다. 오히려 필자가 그들에게 화를 내고 있다는 것도 모르는 경우가 태반이었다. 타인에 대한 분노로 고통받는다는 것은, 그만큼 그들에게 큰 영향을 받았다는 말이 된다. 이에 대해 마하트마 간디는 다음과 같은 명언을 남겼다.

원망하는 마음을 품지 마라. 원망을 품으면 상대는 집세도 내지 않고 당신의 머릿속에 한 자리를 차지하게 된다.

분노하지 않는다고 해서 상대의 행동을 용납하는 것은 아니다. 상대를 용서하고 원망을 거두는 것은 타인이 아닌 우리 자신을 위한 일이다.

상대를 원망하는 마음을 가진 상태에서는 그 사람에게 영향력을 발휘할 수 없다. 나아가 이런 마음은 주변의 다른 이들에게도 부정적인 기운을 발산하게 되고, 우리의 매력과 영향력을 축소하는 요인이 된다.

분노 극복을 위한 7단계

독자 중에는 자신이 원래 타고난 성격이 불같아서 분노를 극복할 수 없으리라고 여기는 사람도 있을 것이다. 장담컨대, 누구나 분노를 극복할 수 있다. 분노를 극복한 후련함을 한 번이라도 경험하면 왜 진작 안 했는지 허탈한 기분마저 들 것이다. 그만큼 분노 극복은 인생에 극적인 변화를 가져오며, 그 후에 찾아오는 내적 평화는 우리에게 기쁨을 준다.

자, 그럼 이제 분노를 극복하기 위한 단계를 함께 차근차근 살펴보자.

1. 인식하라. 극복은 문제를 인식하는 것에서부터 시작된다. 혹시 분노를 삶의 문제로 인식하기 시작했는가? 일상생활과 업무에서 분노 때문에 효율성이 떨어진 것을 인식하기 시작했는가? 축하한다. 이것이 바로 분노 극복의 첫 단계다.

2. 원하라. 불같은 성격을 버리고 싶다고 진심으로 원하라. 이것이 핵심이다. 변화를 원하는 마음과 실행에 옮길 의지가 없으면 필자가 소개하는 방법도 장기적으로는 무용지물이 된다. 이는 이미 곪은 상처를 그저 붕대로 싸매는 형국이다.

3. 상상하라. 과거의 경험을 바탕으로 화가 나는 상황이나 장면을

떠올려본다. 그리고 침착하게 긍정적이고 건설적인 태도로 대응하는 자신의 모습을 상상해본다. 앞서 언급했던 우주 비행사의 시뮬레이션 훈련과 유사한 연습이다.

4. 게임처럼 생각하라. 마음속으로 게임을 즐겨보자. 우선 분노가 터져 나오기 일보 직전 자신의 모습을 떠올려보자. 그리고는 키 210센티에 몸무게는 200킬로가 나가는 고약한 인상의 악당이 기관총을 들고 방에 들어와 눈을 부라리며 "지금 당장 분노를 멈추지 않으면 재미없을 줄 알아!"라고 외친다고 상상해보는 거다. 이런 상황에서 당신이라면 어떻게 할까? 필자라면 아주 재빨리 남자의 말을 들을 것 같다.

5. 깨달아라. 4단계에서 함께 상상해본 상황에서 분노를 누를 수 있었다는 것은 동기만 있으면 언제라도 분노를 참을 수 있다는 뜻이다. 한 번 할 수 있다면 다음번에도 할 수 있다.

6. 적용하라. 분노가 차오르며 폭발할 것 같은 상황이 찾아오면, 우선 상황을 정확히 인식하라. 분노를 멈추는 것은 불가능하다고 합리화하고 싶은 마음이 들면 4단계의 기관총을 든 거한을 떠올려보자. 그 상황에서 침착하게 분노를 참았던 자신의 모습을 기억하자. 이미 한번 한 일이라면 다시 못할 이유가 없다.
화가 나는 상황에서 당장 평소처럼 분노를 표출함으로써 얻는 만족감보다 쉽게 분노하는 성격을 바꾸고자 하는 의지가 더 커야 한다.

그리고 마지막으로 매우 중요한 한 단계가 남아있다.

7. 작은 성공을 쌓아올려라. 한 번에 완벽한 성공을 거두기는 어렵다. 점차 개선되는 자신의 모습에서 즐거움을 찾아라. 평소보다 화를 조금 덜 냈다면 그것만으로도 작은 성공이다. 또 분노를 잘 극복해가다가 어느 순간 다시 실수할 수도 있다. 그래도 그다음 번에 다시 잘할 수 있다면 이것 또한 진전이다. 완벽해야 한다는 부담을 버리고 최선을 다하면 반드시 원하는 곳에 다다를 수 있다.

혹자는 위에 소개한 방법이 분노가 외부로 표출되는 것을 막아줄 뿐 어차피 마음속의 분노는 그대로 아니냐고 물을 수도 있다. 그러나 이는 마음 먹기에 따라 다르다. 위에 소개한 단계를 밟아 분노를 극복하는 과정에서 삶의 긍정적인 측면에 감사하는 마음을 가진다면 내면의 분노 또한 극복할 수 있다. 감사의 마음이 커질수록 타인에 대한 분노는 줄어든다. 단, 혹시 만성적으로 분노를 느끼는 특별한 이유가 있다면 전문적인 상담을 받아보는 것도 좋다.

쉽게 화를 내는 사람들은 늘 자신의 상태를 인식하고 분노를 극복하기 위하여 끊임없이 노력해야 한다. 물론 쉽지 않은 일이지만, 분노를 극복하고 나서 느끼는 행복감이 그 노력을 충분히 보상해줄 것이다. 시간이 흐를수록 분노란 선택의 문제이며 비생산적인 일이라는 사실을 깨닫게 되리라. 분노의 지배에서 벗어난 삶은 한결 가볍고 생산적이다.

8

결과에 대한
집착을 버려라

누구나 상대를 설득할 때에는 얻고자 하는 특정한 결과가 있기 마련이지만, 그 결과 자체에 감정적인 집착을 보여서는 안 된다. 원하는 바대로 이루어지면 좋겠지만, 꼭 그럴 필요는 없다는 식의 마음의 여유가 필요하다. 필자는 이를 '감정적 여유'라고 부른다. 요컨대 상대를 설득하여 원하는 결과를 얻을 수 있다면 더할 나위 없이 좋겠지만, 실패하더라도 크게 연연하지 않는 자세다. 우리의 행복과 기쁨, 마음의 평화는 설득의 결과에 좌우되지 않는다는 점을 기억하라.

감정적 여유는 결과에 대한 집착을 버리고 긍정적인 방식으로 거리를 두게끔 한다. 이렇게 원하는 바를 반드시 이루겠다는 집착을 버리면 오히려 원하는 대로 이루어질 가능성이 커진다. 필자는 신비로운 힘이나 마법에 관해 이야기하려는 것이 아니다. 여기에는 매우 실질적인 근거가 있다.

우선 결과에 대한 집착을 버리면 실패에 대한 두려움 없이 목적에만 집중할 수 있다(집착에는 늘 두려움이 따른다). 상대방은 침착하고 자신감 넘치는 우리의 모습을 보고 우리의 의견에 더 큰 매력을 느끼게 된다.

예를 들어 정치적 견해가 다른 사람과 토론을 한다고 생각해보자. 이런 경우, 상대의 견해를 바꾸는 데에만 감정적으로 집착하다 보면 상대의 말에 따지고 들거나 상대를 회유하려 들거나 불필요한 말을 늘어놓게 된다. 그러면 상대방은 우리가 자신을 가르치려 든다고 생각할 수도 있다. 이런 경우, 자존심에 상처를 입은 상대는 방어적인 태도를 보이며 원래 입장을 더욱 강하게 고수하려 한다. 정치적 토론은 거의 늘 이런 식으로 진행된다. 그래서 토론으로 입장을 바꾸는 사람이 극히 드문 것이다.

반면, 감정적 여유를 가지고 결과에 대한 집착을 버리면 침착하고 정중하게 대화를 진행할 수 있다. 이런 방식의 대화는 토론의 결과에 상관없이 우리가 늘 상대를 존중하리라는 인상을 준다. 그래서 상대는 원래의 입장만 고수하지 않고 더욱 열린 마음으로 우리의 의견을 듣는다. 이렇게 하여 결과에 대한 집착을 버릴수록 설득력을 높일 수 있는 것이다.

하지만 집착은 '집착하지 말자'고 몇 번 중얼거리며 다짐한다고 쉽게 버릴 수 있는 것이 아니다. 감정적 여유를 가지려면 끊임없이 의식적으로 연습해야 한다. 어떤 결과가 나오든 그것이 최선이라는 점을 이해해야 결과에 대한 집착을 버릴 수 있다. 이루어지지 않은 일은 그럴만한 이유가 있어서 그렇게 된 것이다.

단, 오해는 없길 바란다. 이 말은 '일어날 일은 어차피 일어나므로' 노력을 게을리해도 된다는 뜻이 아니다.

원하는 것을 얻고자 최선을 다하면 결과에 상관없이 마음의 평화를 얻을 수 있다. 스스로 최선을 다했다는 사실을 누구보다 잘 알 테니 말이다. 주어진 환경에서 우리가 유일하게 통제할 수 있는 것은 자신의 행동이다. 감정적 여유를 가지고 결과에 대한 집착을 버린다면 그만큼 우리의 영향력과 설득력이 강화될 것이다.

9

말하기 전에
생각하라

타인의 말에 자기도 모르게 반응하여 신랄하게 비꼬는 말을 내뱉고는 다시 주워담고 싶었던 적이 있는가? 필자 또한 이런 실수를 수도 없이 했다. 하지만 한 번 내뱉은 말은 주워담을 수 없다. 그저 상대에게 사과하고 갈등이 더 악화되지 않기는 바라는 것 외에는 할 수 있는 일이 없다.

　필자의 친구인 폴 마이어스는 분노로 내뱉는 말은 총알과 같다고 했다. 한 번 발사되면 되돌릴 수 없다는 뜻이다. 그러므로 말을 하기 전에는 늘 생각을 해야 한다. 즉, 한 박자 쉬며 아무 말도 하지 않고 조용히 있는 것이다. 그러나 이를 자연스럽게 실천할 수 있는 사람은 드물다. 이를 실천하려면 우선 상황을 미리 상상하고 연습하여 준비해야 한다. 가끔은 아무 말도 하지 않는 것이 가장 현명한 대응이 될 때가 있다. 잠시 시간을 가지고 상황을 파악하면 이 책에서 소개하는 원칙들을 활용할 수 있다.

갈등 자체를 예방하는 것이 최선이지만, 이미 발생했다면 더 악화되지 않도록 막는 것이 급선무다.

그렇다면 타인의 비난이나 지적, 모욕에 어떻게 대처해야 할까? 우리에게는 선택권이 있다. 상대에게 바로 반박을 퍼부을 수도 있고, 잠시 생각하고 나서 대응할 수도 있다. 말이라는 총알을 쏘기 전에는 항상 신중하게 생각해야 한다. 한번 쏜 총알은 다시 되돌릴 수 없으니 말이다.

상대에게 올바른 말을 하고 싶은가? 현명하면서도 정중하게 문제를 해결하고 싶은가? 그렇다면 자신에게 기회를 주자. 잠시만 침묵을 지키는 것이다. 그렇게 하면 결국 상황은 우리에게 유리해질 것이다. 이 방법은 꼭 상대와 얼굴을 맞댄 상황이 아니어도 활용할 수 있다. 예를 들면 온라인 상황에서도 침묵은 유용하다.

하루는 필자의 친한 친구가 페이스북에 게시물을 올렸다. 그 친구는 늘 친절하고 침착하며 직업적으로도 존경받는 사람이었는데 내용을 보니 "장황한 이메일을 보내서 매우 소모적이고 전문가답지 못한 논쟁에 끼어들 뻔했다"고 쓰여 있었다.

알고 보니 그 친구는 누군가에게 비난을 듣고 분노에 차서 이메일을 작성했다고 했다. 그런데 전송 버튼을 누르기 전 다행히도 다른 친구에게 한번 읽어봐 달라고 부탁했고, 그 친구의 조언으로 메일을 보내지 않고 삭제했다는 것이다.

우리는 이 친구의 이야기에서 분노의 이메일을 보내기 전 어떤 조처를 해야 하는지 배울 수 있다.

1. 링컨처럼 하라. 미국의 16대 대통령 링컨은 누군가에게 화가 나면 마음에 떠오르는 욕설을 총동원해서 그 사람을 무자비하게 비난하는 편지를 썼다고 한다. 편지를 다 쓰고 나면 서명을 하고 봉인한 후 우표를 붙여서 아주 잘게 찢었다. 분노를 유발한 상대가 한 마디도 알아보지 못할 만큼 아주 작은 조각으로 말이다. 링컨은 이 방법을 활용하여 분노를 흘려보냈다. 편지를 보낼 의도는 애초부터 없었던 것이다.

2. 전송 버튼을 누르기 전에 잠시 기다려라. 필자 또한 분노에 찬 이메일을 보내고 싶은 순간이 많았다. 그럴 때마다 필자는 이메일을 작성하고서 바로 전송 버튼을 누르지 않고 반드시 하루를 기다렸고, 그 덕에 많은 재앙을 막을 수 있었다. 타인에게 상처를 주는 것도, 사업이나 인간관계에 돌이킬 수 없는 피해를 주는 것도, 자신을 난처한 상황에 빠뜨리는 것도 피할 수 있었던 것이다. 하루가 지나고 나서 다시 작성한 이메일은 늘 더 정중하고 전략적이면서도 효과적이었다. 심사숙고한 다음, 이메일을 보내지 않기로 결정한 경우도 많았다. 이 모든 것은 자신에게 허락한 24시간 덕에 가능했다.

3. 도움을 요청하라. 필자는 이메일을 효과적으로 잘 작성하는 편

이라고 자부한다. 그러나 화가 난 상태에서 작성한 이메일은 반드시 신뢰하는 친구나 주변 사람에게 보여주고 조언을 구한다. 필자를 잘 아는 친구들은 내용을 보면 필자가 그 이메일을 '이성적인' 상태에서 쓴 것인지 '감정적이고 화난' 상태에서 쓴 것인지 한눈에 알아볼 수 있다. 친구들은 종종 메일을 읽어보고 특정 단어를 바꾸거나 이러 저러한 도움이 될 만한 문구를 넣어보라는 조언을 해 준다. 필자 또한 친구들에게서 그런 요청을 받으면 감정적으로 격앙된 상태가 아닌 객관적인 눈으로 살펴보고 비슷한 조언을 하곤 한다.

이 대목에서 대니얼 골먼이 자신의 저서 《EQ 감성지능》을 통해 남긴 또 다른 명언이 떠오른다.

충동을 조절하려면 감정과 행동의 차이점을 알아야 하며, 즉각 행동에 나서고 싶은 충동을 다스리고 더 나은 감정적 결정을 내려야 한다. 그런 다음, 실제 행동에 들어가기 전에 여러 대안과 그 대안이 가져올 수 있는 다양한 결과를 생각해봐야만 한다.

정말이지 훌륭한 조언이 아닐 수 없다. 이메일을 쓰고 나서 바로 보내기 버튼을 누르지 마라. 이메일을 보내는 것은 감정을 다스리고, 자신의 행동이 가져올 결과를 이해하고, 앞서 소개한 방법들을 활용해본 다음에 해도 늦지 않을 테니 말이다.

10

다름을
인정하라

설득에 실패했을 때 상대와의 다름을 인정하고 견해 차이를 받아들이기는 쉽지 않은 일이다. 여기서 상대는 함께 사업하는 동업자일 수도 있고, 같은 자선 단체에 속한 회원일 수도 있고, 또는 가족이나 친구일 수도 있다. 불행하게도, 살다 보면 어떤 사안에 대하여 이런 상대들과 양립할 수 없을 정도로 상반되는 의견을 보이게 될 수도 있다. 즉 이 책에서 배운 모든 원칙과 전략을 동원해도 상대가 한 발짝도 물러나지 않는 경우가 발생할 수 있다는 말이다.

실제로 모든 상황에서 설득에 성공할 수는 없다. 우리는 자신이 옳다고 확신하는 상황에서 설득에 실패하면 감정적인 상처를 입고 절망이나 원망, 분노를 느끼기도 한다. 이런 경우, 상대와의 의견 차이를 인정할 필요가 있다.

다시 정치에 대한 대화를 예로 들어보자.

친할수록 정치 이야기는 금물이라는 말도 있지만, 국가적으로 중요한 사안이 있고 그 사안에 대한 신념이 있다면 상반되는 의견을 가진 타인을 설득하려는 마음이 들 수밖에 없다. 상대방이 우리의 얘기를 들어줄 준비가 되어 있고, 주제에 올바르게 접근할 수만 있다면 정치에 대한 대화를 굳이 피할 이유는 없다.

여기서 중요한 것은 접근 방식이다. 정치 논쟁뿐 아니라 다른 토론에서도 분노와 독설보다는 상대에 대한 존중이 성공적인 대화를 이끌어낸다.

필자는 개인적으로 소셜미디어를 채우는 정치에 대한 갑론을박을 볼 때마다 실망을 금할 수 없다. 대부분의 게시물이 반대 의견을 내놓은 상대에 대한 개인적이고 악의적인 비방과 모욕으로 채워져 있기 때문이다. 이런 식의 논쟁으로는 상대의 의견을 바꿀 수 없을뿐더러 자칫하면 상대와의 관계마저 망치게 된다.

물론 상대에게 예의를 지키고 이성적으로 반대한다고 설득이 보장되는 것은 아니다. 주제를 막론하고, 이러한 설득이 통하지 않을 때에는 적절한 시기에 멈출 줄도 알아야 한다.

그렇다면 언제 멈춰야 하는 걸까? 대화를 하다 보면 교착상태에 빠져 더 이상의 토론이 무의미해지는 시점이 온다. 이 시점에서 더 강하게 주장하면 설득은커녕 상대와의 관계만 악화되므로 서로의 차이를 인정하고 받아들이는 것이 최선이다. 비록 상대의 의견 자체에는 동의하지 않더라도 서로 다른 의견을 내놓을 권리를 존중해야만 한다.

이렇게 하면 상대는 다음 토론에서 더 열린 태도를 보이게 된다. 같은 주제로 다시 대화할 기회가 생길 수도 있다. 상대는 의견 차이를 존중할 줄 아는 우리의 모습에서 신뢰를 느꼈을 테니 말이다.

상대는 우리가 막무가내로 우기기만 하는 사람이 아니라는 것을 파악했으므로 한층 더 열린 태도를 보일 것이다. 이때 다시 한번 우리의 생각을 설득력 있게 피력한다면 설득할 확률이 커진다.

요컨대 설득에서는 무엇을 어떻게 말할지도 중요하지만, 언제 멈출지를 아는 것도 중요하다.

CHAPTER

11

출처를 고려하라

리더로서 영향력을 발휘하게 되면 주변의 비난을 받는 경우가 생긴다. 이는 주변에 대한 영향력이 커지면서 어쩔 수 없이 겪게 되는 현상이다. 이때 비난에 적절히 대처하고 이를 성장의 기회로 삼는다면 우리의 영향력은 한층 더 강해질 것이다.

필자는 대학 시절 학생회 활동에 적극적이었다. 학교에서든 사회에서든 공적인 자리에 있으면 주변에서 이런저런 소리를 듣게 되는데, 늘 칭찬만 듣는 것은 아니다. 학창 시절 필자는 주위의 비난에 민감하게 반응했고, 항상 이를 개인에 대한 비난으로 받아들이곤 했다.

그래서 친한 친구인 브루스와 조에게 이런 '부당한 취급'에 대해 불평을 늘어놓곤 했다.

당시 브루스는 학생자치회 회장이었고, 조는 의장직을 맡고 있었는데 둘 다 사람들의 비난을 대수롭지 않게 여겼다. 필자는 그런 그들의 모습이 참으로 존경스러웠다.

필자가 어디선가 비난을 듣고 와서 의기소침해 하면 브루스는 늘 "밥, 그게 신경 쓸 가치가 있는 사람이 한 말이야?"라고 묻곤 했다. 다시 말해, 비난에 속상해하기 전에 그 비난을 한 사람의 의견을 고려할 가치가 있는지 판단하라는 뜻이었다.

이 조언은 실로 다양한 상황에 적용할 수 있다. 누군가에게서 비판적인 피드백을 들었다고 가정해보자. 만약 상대가 습관적으로 근거 없는 주장을 늘어놓는 사람이라면 굳이 그런 피드백에 신경 쓸 필요가 없다. (물론 타당한 내용이라면 진지하게 들어야 한다. 성숙한 사람이 되고 싶다면 자존심을 세우지 말고 정확한 판단을 내릴 수 있도록 감정을 다스릴 줄 알아야 한다.)

반대로 비판적인 피드백을 준 상대가 평소에도 늘 이성적이고 명확한 사고를 하는 사람이고, 다른 사안에서 우리와 비슷한 견해를 보인 적이 있다면 어떨까? 이런 경우엔 피드백의 내용을 주의 깊게 살펴볼 필요가 있다. 그 내용에 전적으로 동의할 필요는 없지만, 상대의 관점에서 생각해보면 확실히 도움이 될 것이다.

이때 상대의 비판을 진지하게 받아들이면서도 개인적인 비난으로 생각하지 않는 것이 중요하다. 비판은 비난이 아니다. 타인의 비판은 감정 다스리기를 연습할 훌륭한 기회이니 꼭 활용하자.

우선, 진지하게 받아들여야 할 비판과 그렇지 않은 비판을 구분하는 연습을 해보자. 진지한 비판은 겸허히 받아들이고 반영하도록 노력하고, 상대의 생산적인 비판을 개인에 대한 비난으로 받아들이지 않는 연습을 해보자.

마지막으로 비판을 현명하게 구분하고 받아들이려면 늘 출처를 고려해야 한다는 점을 명심하자.

PART 3

관점의 차이를
이해하라

—

치명적인 오해 피하기

인간의 행동과 사고는 무엇을 아느냐가 아니라 무엇을 모르느냐에 따라
결정된다. 변화가 어려운 것은 무엇을 모르는지 모르고 있기 때문이다.
변화를 위해서는 자신이 무엇을 모르는지를 깨달아야 한다.

R. D. 랭(R. D. Laing) (스코틀랜드 심리학자, 1927~1989)

당신이 들었다고 내가 믿는 말은, 내가 했다고 당신이 생각하는 말과 다르다.

무명씨

몇 년 전 한 친구가 필자의 동네로 이사를 오려 했던 적이 있다. 그 친구는 집 한 채를 봐놨다며 그 집이 바다와 가까우냐고 물었다. 필자는 "아니, 꽤 멀어"라고 답했고, 친구는 그 집을 고려 대상에서 제외했다. 얼마 후에 친구와 그의 아내가 필자의 집에 놀러 왔다가 그 집을 한번 보겠다고 해서 같이 찾아 나섰다. 그런데 그 집을 본 친구가 이렇게 말하는 것 아닌가. "바다랑 멀다며!"

필자 : "멀잖아!"

친구 : "가깝네!"

필자 : "아니야, 멀어!"

친구 : "가깝다니까!"

(유치한 논쟁이었지만 다행히 어린애들처럼 혀를 내밀고 서로를 놀리는 일은 피할 수 있었다.)

그럼 논쟁의 원인을 분석해보자. 우선 객관적인 사실부터 말하자면 그 집은 바다에서 11킬로미터 정도 떨어져 있었다. 필자의 집은 플로리다 주 주피터에 있는데, 해변에서 두 블록 정도 떨어져 있다. 이런 필자에게 11킬로미터는 멀게 느껴질 수밖에 없다. 반면, 주변에 바다가 없는 중서부 출신의 친구에게는 110킬로미터도 가까운 거리일 것이다.

친구와의 논쟁은 관점의 차이가 불러온 오해였다. 그렇다면 왜 둘 중 누구도 실제 거리를 얘기할 생각을 하지 못했던 걸까? 아마 서로의 관점이 다르리라는 생각 자체를 못했기 때문일 것이다. 이것이 바로 신념 체계의 함정이다.

간단히 말해 '신념'은 우리가 세상을 보는 방식이고, '진실'은 객관적인 사실이다. 인간은 부모의 양육 방식이나 환경 등의 요인으로 각자의 신념을 형성한다. 그리고 그 신념을 통해서 진실을 보고 우리만의 해석을 하게 되는 것이다.

사실 신념은 우리가 생각하는 것보다 훨씬 더 긴 시간을 거쳐 형성된 것이다.

신념은 지구상에 인류가 출현한 이후 줄곧 개인과 종족의 생존을 위한 수단으로 쓰였다. 다행히 인류의 생활환경은 점점 개선되어서 이제 생존 자체가 문제인 시대는 지났다.

석기시대를 살던 인류의 조상들은 늘 주변의 소리에 신경을 곤두세워야 했다. 지금 자신에게 접근하는 것이 사냥감인지 포식자인지 구분하는 데에 생존의 문제가 달렸기 때문이다. 제한된 정보를 분석하여 살아남아야 했던 조상에 비하면 오늘날 인류의 삶이 한결 편해진 것은 사실이다.

그럼에도 우리는 여전히 비슷한 방식으로 결정을 내린다.

우리의 신념 체계를 이루는 특정한 믿음이 잘못되었다는 얘기가 아니다. 실제로 우리에게 도움이 되는 가치 있는 신념들도 많다.

문제는 자신의 신념 체계를 알아채지 못할 때에 발생한다. 이렇게 되면 자신에게 도움이 되는 신념뿐 아니라 해가 될 수 있는 신념까지도 전부 지키려고 애쓰다가 그 과정에서 타인에게 해를 끼칠 수도 있다.

필자와 친구의 이야기는 재미있는 에피소드 정도로 넘어갔지만, 모든 상황이 이렇게 가볍게 해결되지는 않는다. 신념 체계의 충돌로 감정이 상하거나 일을 망치는 경우도 있고, 동료의 의욕을 꺾거나 친구와의 우정에 금이 갈 수도 있다. 사람들은 상대방의 행동을 자신의 신념 체계에 비추어 생각하면서, 상대방은 자신의 의도를 당연히 알아줄 것이라고 착각한다.

이런 문제는 생각보다 자주 발생하는데, 3부에서는 구체적인 예시를 통하여 함께 살펴보려 한다. 중요한 것은 모든 인간이 각기 다른 신념의 영향을 받는다는 사실을 인식하는 것이다. 우리가 하는 모든 생각과 말은 신념의 지배를 받는다. 타인과의 대화, 갈등도 예외는 아니다.

극작가 조지 버나드 쇼(George Bernard Shaw)는 "의사소통의 가장 큰 문제는 의사소통이 되었다고 착각하는 데 있다"라는 말을 남겼다. 사람들은 다른 이들도 자신과 같은 생각과 감정을 느낀다고 믿지만, 이는 사실이 아닌 경우가 많다. 사람은 자기만의 인식 체계와 세계관이 있기 때문이다. 이를 제대로 이해하지 못하면 모두 오해와 불통의 늪에서 허우적거릴 수밖에 없다.

그런 의미에서 3부를 시작하면서 인용한 심리학자 R. D. 랭의 말은 정말이지 명언이다.

랭의 말을 이해하고 받아들일 수만 있다면 삶이 더 즐거워질 뿐 아니라 타인에게는 없는 강력한 장점을 갖추게 될 것이다. 바로 '사람은 타인을 진정으로 이해할 수 없다'는 깨달음이다.

3부에서는 이러한 이해가 중요한 이유를 함께 알아보고, 그를 통해 최고의 영향력과 지혜를 얻는 방법을 배워보기로 하자.

12

'신념'과 '진실'을
구분하라

자신이 아는 것이 틀림없는 사실이라고 믿었는데 나중에 보니 아니어서 당황했던 적이 있는가? 이런 일은 생각보다 자주 발생한다. 인간은 자신만의 신념 체계의 지배를 받아서 늘 제한된 정보만을 바탕으로 결정을 내리기 때문이다.

신념 체계라는 개념을 이해하려면 '신념'과 '진실'을 구분할 수 있어야 한다.

필자가 정의하는 한 개인의 '신념'은 자신이 '옳다고 생각하는 진실'이다.

이것은 정확히 어떤 의미일까?

진실 그 자체는 객관적인 사실이다. 즉 아무런 감정이 개입되지 않은 중립적인 것이다. 진실에 좋고 나쁨의 가치가 생기는 것은 문맥, 상황, 결과 그리고 사람이 개입되는 순간부터다.

예를 들어 지구상에 중력이 존재한다는 것은 진실이다. 이는 믿고 말고의 여부를 떠나서 누구에게나 적용되는 보편적인 법칙이다. 그러나 상황에 따라 중력은 좋은 것이 될 수도 있고 나쁜 것이 될 수도 있다. 예를 들어 우리가 우주공간으로 날아가 버리지 않게 붙들어 준다는 점에서는 좋지만, 6층짜리 건물에서 떨어졌을 때 어김없이 땅으로 끌어당긴다는 점에서는 나쁘다.

신념은 지극히 주관적이다. 그렇기에 인간은 타인과의 갈등 상황에서 객관적인 옳고 그름을 따질 수 없다.

기본적인 신념은 무의식의 단계에서 작동하기 때문에 일단 형성되고 나면 바꾸기가 극히 어렵다(물론 불가능한 것은 아니다). 그리고 무의식은 우리 모두를 지배한다. 하지만 대부분의 사람들은 이런 무의식의 지배를 전혀 자각하지 못한다.

다시 말해, 사람들은 자신이 왜 그런 결정을 내리는지 이유도 모른 채 결정을 내리는 것이다.

자신이 모른다는 것도 모르는 게 문제

우리가 이미 알고 있거나 앞으로 만나게 될 사람 중 99.9퍼센트는 외부적인 요인으로 형성된 신념 체계의 절대적인 지배를 받으면서도 이를 전혀 깨닫지 못한다. 대부분의 경우, 우리 자신 또한 마찬가지다.

앞서 언급했듯이 우리의 머릿속에 입력된 신념이 모두 해로운 것은 아니지만, 불행히도 대부분의 경우 우리에게 부정적인 영향을 준다.

다수의 베스트셀러를 낸 저자 랜디 게이지(Randy Gage)는 자신의 책에서 사람들이 '밈(meme)', 즉 정신적 바이러스에 감염되는 과정을 설명한 바 있다. 무의식을 지배하는 부정적이고 제한적인 신념은 우리를 밈에 노출시킨다. 물론 우리는 우리 안에 그런 신념이 존재한다는 것조차 깨닫지 못한다. 이 밈은 한 번 감염되면 마치 컴퓨터 바이러스처럼 정신의 운영 체제를 지배한다.

진실을 바라보는 관점에 영향을 받는 선에서 피해가 그친다면 그나마 다행인 경우다. 최악의 경우, 우리는 밈으로 말미암아 스스로 성공을 망쳐버리거나 인생을 망쳐버릴 수도 있다.

필자가 존 데이비드 만과 공저한 《레이첼의 커피》라는 책에 등장하는 핀다 노인은 제자인 조에게 "겉모습은 우리를 속일 수도 있다네. 아니, 사실은 거의 항상 우리를 속이지"라고 말한다.

우리가 겉모습에 속는 이유는 간단하다. 있는 그대로가 아니라, 우리가 보고 싶은 대로 보기 때문이다. 우리는 모든 것을 자신의 신념 체계를 통하여 본다.

애정이 넘치는 인간관계 속에서 성장한 사람들은 그것이 보편적인 관계이며 '진실'이라고 믿을 것이다. 반면 폭력적인 관계를 보며 성장했다면 그것이 보편적인 관계라고 믿을 것이다.

돈은 사악한 것이며, 돈을 벌려면 주변 사람들을 이용해야 한다고 배우고 자란 사람에게는 그것이 돈의 진실일 것이다. 반면 돈이란 그저 사람들에게 가치를 제공한 대가로 얻는 결과물이라고 배운 사람에게는 그것이 진실일 것이다.

승자가 있으면 패자가 있는 법이라고 배운 사람에게는 그것이 경쟁의 진실이겠지만, 모두 승자가 될 수 있다고 배운 사람에게는 이것이 진실일 것이다.

사람들은 무의식적으로 자신이 믿는 진실에 따라 행동하려 한다. 설령 그로 인해 불행해진대도 말이다.

너무 과한 주장으로 들릴 수도 있지만, 이런 생각으로 사람들을 바라보면 그들의 행동을 한결 쉽게 이해할 수 있다. 더불어 사람들 사이에서 갈등이 일어날 수밖에 없는 이유도 이해할 수 있다.

이 문제에 대한 해결책은 간단하다. 하지만 절대 쉽지는 않다.

해결책이란 바로 신념 체계의 존재를 인식하는 것이다. 이 책을 통하여 신념 체계를 알아가면서 항상 그 존재를 의식적으로 인식하려고 노력하자. 자신을 포함한 모든 사람이 하는 말과 행동이 신념의 결과라는 사실을 늘 명심하자. 그리고 이렇게 자문하는 습관을 지니자. '조금 전의 행동은 의식적 신념의 결과일까, 아니면 무의식적인 신념의 결과일까?'

이렇게 신념 체계의 존재를 인식하기 시작하면 삶에 변화가 찾아와 주변 사람들과 더욱 긍정적인 관계를 맺게 될 것이다. 또한 타인에 대한 영향력과 설득력이 강화될 것이다.

이제부터는 타인과의 갈등이나 대립이 발생했을 때에 자신에게 아래의 네 가지 질문을 던져보자.

1. 나의 신념이 실제의 상황과 진실을 어떻게 왜곡하고 있는가?
2. 상대방의 신념이 실제의 상황과 진실을 어떻게 왜곡하고 있는가?
3. 상대방의 신념과 그가 생각하는 진실을 파악하려면 어떤 질문을 던져야 하는가?
4. 상대방에게 나의 신념과 내가 생각하는 진실을 알리기 위하여 줄 수 있는 정보는 무엇일까?

타인과의 다툼에서 진실은 언제나 세 가지라는 말이 있다. 나의 진실, 상대방의 진실, 그리고 진짜 진실 말이다(나의 진실과 상대방의 진실은 실제 진실이 아닌, 그것이 진실이라는 '믿음'일 뿐이다).

자신에게, 그리고 상대방에게 위에 소개한 질문을 던지고 서로 정보를 교류하다 보면 각자의 진실이 아닌 실제 진실에 다가갈 수 있을 것이다. 그 과정에서 서로 간에 이해와 존중, 평화와 신뢰가 쌓이는 것은 물론이다.

CHAPTER

13

정확한 의미를
물어라

생각의 과정에 대하여 강의하고 있던 한 랍비가 갑자기 이런 말을 했다. "지나가던 사람이 당신을 '바푸스틱'이라고 부르면 기분 나쁠 것 같은 사람은 손을 들어보세요." 학생들 중 일부는 손을 들고 나머지는 들지 않았다. 모두 손을 내리고 나서 한 학생이 랍비에게 "랍비님은 기분이 나쁠 것 같으세요?"라고 물었다.

그러자 랍비가 답했다. "글쎄요, 잘 모르겠네요. 하지만 '바푸스틱'이 뭔지 물어보는 게 우선이겠죠?"

가끔은 사소한 오해가 큰 혼란을 불러온다. 신념의 영향에 대하여 막 배우기 시작한 사람들은 처음부터 무의식에 숨겨진 욕망이나 말 못할 두려움 같은 거창한 주제에만 접근하려 한다. 그러나 가장 먼저 시작해야 할 것은 일상적으로 사용하는 단어의 의미 확인이다. 똑같은 단어를 서로 다른 의미로 받아들여 오해가 발생하는 경우가 많기 때문이다.

대화의 당사자들이 이를 알아채지 못하는 경우, 문제는 더욱 심각해진다. 서로 같은 말을 하고 있다고 생각하기 때문에 어디에서 의견 차이가 발생했는지 파악하지 못한다.

회사에서 일어날 수 있는 일을 예로 들어보자. 데이브는 프로젝트를 함께 진행하는 동료에게 급한 목소리로 이렇게 말했다. "마거릿, 제안서를 '빨리' 완성해야 하니까 서두르는 게 좋겠어요." 마거릿도 데이브의 의견에 동의했다. 그녀는 일과가 끝나고 몇 시간 동안 야근하며 자신이 맡은 부분을 완성했다. 그런데 다음날 출근해서 확인해보니 데이브의 부분은 전혀 완성되지 않은 게 아닌가?

화가 난 마거릿은 데이브에게 따진다. "데이브, 제안서 빨리 완성해야 한다고 했잖아요. 어제 이거 하느라고 밤늦게까지 야근했단 말이에요."

그러자 데이브가 당황하며 답한다. "아니, 전 다음 주까지 완성해야 한다는 말이었어요."

데이브와 마거릿 사이에 오해가 발생한 이유는 '빨리'라는 시간의 개념이 달랐다는 점이다. '빨리' 등의 단어는 추상적이기 때문에 문맥에 따라 의미가 달라질 수 있다.

그렇다면 이런 오해는 어떻게 막을 수 있을까?

우선 상대방이 '곧', '자주', '나중에', '근처에', '오래' 등 주관적인 단어를 사용할 때에는 반드시 정확한 의미를 물어보도록 하자.

다시 데이브와 마거릿의 이야기로 돌아가자. 이번에는 마거릿이 데이브에게 말한다. "제안서는 짧게 작성하는 게 좋겠어요." 이때 데이브가 마거릿에게 "확인 차 묻는 건데, 어느 정도 길이를 말하는 건가요?"라고 묻는다면 어떨까? 그러면 마거릿은 두 페이지 정도라고 대답할 것이고 둘은 오해를 피할 수 있다.

이 방법은 어디에나 활용할 수 있다. 이때 질문의 효과를 높이고 상대가 잘 받아들이게 하려면 묻는 방식 또한 적절해야 한다. 확인을 위한 질문을 할 때에는 우리의 의사를 잘 전달하여 상대에게서 좋은 감정을 이끌어내야 한다. 진의가 뭐냐는 식으로 따져 물으면 상대는 방어적인 태도를 보이게 된다.

주관적인 단어에는 늘 설명을 덧붙이고, 동시에 상대의 의미를 묻는 습관을 들이자. 그러면 애초에 오해가 생기는 것을 막을 수 있다.

상대를 이해시킬 책임은
나에게 있다

스티븐 코비(Stephen Covey) 박사는 자신의 책 《성공하는 사람들의 7가지 습관(The Seven Habits of Highly Effective People)》에서 다섯 번째 습관으로 "먼저 이해하고, 다음에 이해시켜라"를 꼽았다. 훌륭한 조언이다.

이 한 가지 습관을 지킬 수 있다면 우리는 훨씬 더 효과적인 인간관계를 맺으며 살아갈 수 있을 것이다.

스티븐 코비의 말은 거의 전설적인 가르침이 되었다. 이제 이 가르침을 실생활에 적용할 수 있는 적절한 방법을 알아보자.

물론 상대를 이해하는 것도 중요하지만, 그 못지않게 중요한 것이 있다. 바로 상대가 우리의 의사를 정확하게 파악하도록 돕는 일이다.

효과적인 의사소통은 우리의 책임이다. 즉, 우리에겐 우리가 하는 말의 요점, 우리가 원하는 것, 필요로 하는 것을 상대에게 이해시킬 책임이 있다.

필자는 젊은 시절 멘토가 들려준 조언을 아직도 감사한 마음으로 기억하고 있다.

사수(射手)가 표적을 놓쳤다고 표적 탓을 할 수는 없다.

우리는 아주 가끔 상대방이 우리의 마음을 읽을 수 있으면 좋겠다고 생각한다(물론 매번 읽을 수 있다면 그것도 문제겠지만 말이다). 그러나 이는 불가능한 일이다. 서로의 성장 배경과 신념 체계가 다르기 때문에 상대가 설명 없이 우리의 말을 정확히 알아들을 가능성은 희박하다.

그러므로 의사소통의 책임을 상대에게 지우려고 해서는 안 된다. 그래 봤자 실망스러운 결과만 얻을 것이다.

성공적인 의사소통을 하는 확실한 방법 중 하나는 상대에게 혼란을 주는 모순적인 메시지를 피하는 것이다. 모순적인 메시지는 의사소통의 효율성에 치명적인 영향을 준다.

그렇다면 모순적인 메시지는 무엇일까? 가장 흔한 유형으로는 뭔가를 말하고 그에 상반되는 내용을 바로 덧붙이는 경우를 들 수 있다. 부하 직원에게 업무를 지시하는 상황을 가정해보자. 우리는 직원을 불러 "존, 이 명세서를 금요일까지 반드시 준비하도록 해. 급하다고 대충할 생각은 말게"라고 말한다.

이 말은 대체 어떤 의미일까? 금요일까지 명세서를 완료하는 게 중요하다는 걸까, 명세서를 완벽하게 작성하는 게 중요하다는 걸까? 만약 마감 시간과 완벽한 명세서 중 한 가지만 택해야 하는 상황이라면 어떻게 해야 할까? 존이 추가 질문을 해서 명확하게 알아보지 않는다면, 서류는 완벽하지만 시간을 맞추지 못하거나, 시간은 맞췄지만 서류는 흡족하지 않은 상황이 발생할 것이다. 존이 우리의 마음을 읽고 직관적으로 이해하리라 기대해서는 안 된다. 존은 의사소통의 '표적'이다. 그가 제대로 이해하지 못한다 해도 표적을 놓친 것은 우리이므로 그를 탓할 수는 없다.

또 다른 모순 메시지의 전형은 입으로 말하는 내용과 상반된 말투와 몸짓 언어를 보이는 것이다. 분명히 입으로는 "괜찮아, 난 상관없어"라고 말하는데 목소리는 방어적이라면 어떨까? 잔뜩 굳은 자세로 이를 악물고 이런 말을 하면 상대는 혼란에 빠지지 않을까? 바로 이것이 모순적인 메시지다.

모순된 메시지로 말미암은 오해를 피하려면 상호 간의 노력이 필요하다. 상대방이 우리의 모순된 말을 알아서 척척 이해하기를 기대해서는 안 되며, 우리 또한 상대의 말이 모호할 때에는 질문을 통하여 내용을 명확하게 파악해야 한다. 간단한 질문 몇 개만으로도 후에 일이 복잡해지거나 혼란스러워지는 것을 예방할 수 있다.

상대의 말을 이해하는 것도 우리의 책임이라고 생각하고 적절한 질문을 던진다면 모순된 메시지로 말미암은 피해를 막을 수 있다. 가장 쉬운 방법은 '나'를 주어로 하는 '나 전달법(I-message)'을 활용하는 것이다.

예를 들어 상사에게서 이런 지시를 받았다고 생각해보자. "그명세서 금요일까지는 반드시 준비되어야 하네. 급하다고 대충할 생각은 말게."

이런 상황에서는 이렇게 질문하면 내용을 더 명확하게 파악할수 있다. "말씀하신 기한 내에 꼼꼼하게 준비하도록 저도 노력하겠습니다. 그런데 제가 부장님 말씀을 잘 이해한 건지 알 수 없어서요, 마감 시간을 지키는 것과 서류 작업을 꼼꼼하게 하는 것 중어느 쪽에 우선순위를 둬야 할지 여쭤 봐도 될까요?"

'내가' 잘 이해한 건지 확인하고 싶다는 내용과 '나도' 기한 내에 잘 준비하겠다는 내용이 만나 훌륭한 '나 전달법' 문장이 완성되었다. '나 전달법'을 활용한 정중한 의사소통은 상대의 방어적인 태도를 예방하는 효과가 있다.

이 질문을 들은 상사는 둘 중 어떤 것이 우선순위인지 명확하게 알려줄 것이고, 이는 상사와 우리 모두에게 도움이 될 것이다. 이렇게 하면 업무 처리 과정에서 오해가 발생할 소지는 현저히 줄어든다.

우리가 하고자 하는 말을 상대에게 이해시키는 것은 우리의 책임이다. 동시에 상대의 메시지를 정확하게 이해하고자 노력하는 것도 중요하다는 점을 명심하자.

무의식의 영향에서
벗어나라

앞서 말했듯, 우리는 신념에 지배당하고 있지만 스스로는 이를 자각하지 못한다. 문제는 바로 여기서 발생한다. 우리는 우리가 모른다는 것조차 모른다. 다시 말해, 우리는 무의식의 영향으로 행동하고 있다는 사실을 의식하지 못한다.

이로 말미암은 문제를 극복하려면 신념 체계를 의식적으로 인식해야 한다. 우리의 영향력은 이를 인식하느냐에 달렸다고 할 수 있다. 그럼 이제부터 신념 체계를 의식적으로 인식하는 방법을 알아보자.

앞으로는 상대와 의견 차이가 발생하거나 상대의 말이나 행동으로 기분이 상할 때마다 '바로 지금 두 개의 신념이 충돌하고 있다'는 사실을 의식해보자. 심한 갈등일수록 신념 간의 차이가 더욱 극명할 것이다.

신념의 충돌을 의식했으면 '나는 지금 매우 제한된 정보를 바탕으로 상대의 말이나 행동을 판단하려 한다'는 사실을 자신에게 상기시킨다.

이 두 가지를 실천할 수 있다면 침착하게 '진짜' 문제를 파악하고 양쪽 모두에게 유익한 해결책을 찾을 수 있을 것이다.

상대와의 갈등상황에서는 늘 자신에게 이 두 가지 질문을 던져보자. '현재 내 감정은 내 인식 체계를 통하여 걸러진 감정인가?' '나는 지금 제한된 정보를 바탕으로 상대를 판단하고 있는가?'

아마 두 질문에 대한 답은 모두 '그렇다'일 것이다. 이 사실을 인식하는 것만으로도 더 명확하게 사고할 수 있게 되어 더 생산적이고, 영향력 있고, 설득력 있는 대처가 가능해진다.

기업가이자 베스트셀러 저자인 T. 하브 에커(T. Harv Eker)는 이런 말을 했다. "의식적 인식은 무의식에 각인된 프로그램을 벗어나 우리의 생각과 행동에 힘을 실어주고, 우리에게 선택권을 준다."

개인적으로
받아들일 것인가 말 것인가?

막 건물 출입구를 나서는 순간 한 남자가 들어온다. 당신은 상대
와 눈을 마주치고 그가 들어갈 수 있게 문을 잡아준다. 그리고는
미소를 지으며 가벼운 인사를 건넨다. 그런데 아무 반응이 없다.
남자가 작게 뭐라고 중얼거리는 소리를 들은 것 같다. 당신은 고
민에 빠진다. 방금 그 소리는 고맙다고 한 건가? 아니면 투덜거리
며 시비를 건 것인가? 만약 방금 그 사람이 투덜거린 거라면, 대체
당신이 뭘 어쨌다고 저렇게 무례하게 구는 걸까?

혹시 이런 일로 고민에 빠져본 적이 있는가? 이런 경우, 많은
사람이 상대의 행동을 자신에 대한 공격으로 받아들이는데, 사실
그럴 가능성은 낮다. 남자가 당신의 인사를 받지 못한 데에는 수
많은 이유가 있을 수 있다.

- 가족 문제로 깊은 생각에 잠겨 있었다.
- 아픈 친구의 병문안을 다녀오며 수심에 잠겨 당신을 보지 못했다.
- 회사가 압류당할 위기라 대책을 생각하느라 정신이 없었다.
- 고객과의 회의에 늦어서 설명할 방법을 고민 중이었다.
- 원래 모르는 사람에게는 인사를 잘 건네지 않는 사람이다. (다시 말해, 당신과 다른 신념 체계를 가진 사람이다.)

물론 그래도 남자가 인사를 했어야 옳다고 생각할 수도 있겠지만, 이는 당신의 신념일 뿐 그의 신념은 아니다. 어쨌든 남자가 무뚝뚝하게 지나간 이유는 당신이 아닌 그에게 있다는 점만은 확실하다. 즉 개인적으로 받아들일 만한 일이 아닌 것이다.

혹시 다른 사람의 의도를 오해했다가 나중에 깨달은 적이 있는가? 혹은 이와는 반대로, 상대의 오해를 샀다가 나중에 풀렸던 일은 없는가? 물론 필자도 이런 일을 겪어 보았다.

모든 일의 발단은 신념 체계다.

막대한 영향력을 손에 넣고 싶은가? 그렇다면 상대를 판단할 때에 관대해져야 한다. 무조건 좋게만 생각하라는 말은 아니다. 그러나 어차피 상대의 의도를 정확히 파악할 수 없다면 호의적으로 생각하는 것이 피차에게 좋지 않을까? 상대까지 생각할 것도 없이, 그렇게 하면 우선 우리의 기분이 좋아진다. 만약 아는 사람이거나 함께 일해야 하는 동료라면 긍정적인 프레임을 설정하는데에 도움이 될 것이다.

호의적인 판단은 누구에게도 해를 끼치지 않고 모두에게 도움이 된다. 또 모든 것을 개인에 대한 공격으로 받아들이는 것보다 더 현실적인 접근법이기도 하다.

말로는 쉽지만, 사실 많은 사람이 상대의 말이나 행동을 개인적인 것으로 받아들인다. 필자 또한 그 문제로 오랫동안 고민했기 때문에 이런 고통을 겪는 이들에게 특히 공감한다.

필자의 블로그에 한 독자가 이런 질문을 던진 적이 있다. "밥, 상대가 일부러 우리의 감정을 상하게 하려는 것인지 아니면 그저 말의 전달 방식이 잘못되어서 오해를 사는 것인지 어떻게 구분할 수 있나요?"

대부분의 독자가 살면서 한두 번쯤 이런 고민에 빠져보았을 것이다. 상황에 따라 다르겠지만, 이런 상황에 직면하면 의기소침해질 수밖에 없다. 전혀 모르는 사람이든 가까운 가족이나 친구든, 상대방이 의도적으로 우리에게 상처를 주려 한다는 것은 생각만 해도 마음 상하는 일이기 때문이다.

블로그 독자의 질문에 대해 정해진 답은 없다.

다만, 많은 사람이 상대의 행동을 개인적으로 받아들이지만 알고 보면 전혀 그렇지 않은 경우가 많다는 것만은 분명하다. 이는 상대방의 행동을 우리의 신념에 맞춰 해석한 결과다. 다시 말해, '우리가' 어떤 방식으로 생각하기 때문에 상대도 그러리라 '추측'하는 것이다. 그 결과, 우리는 '그런 말은 이런 의미일 수밖에 없어'라는 생각을 하게 된다. 물론 이는 진실과 거리가 멀다.

돈 미겔 루이스(Don Miguel Ruiz)는 자신의 책《네 가지 약속(The Four Agreements)》에서 이런 현상을 완벽히 설명하고 있다. 루이스가 제시한 네 약속 중 두 가지는 "추측하지 마라"와 "어떤 것도 자신의 문제로 받아들이지 마라"이다. 하지만 우리는 모두 끊임없이 추측하고 상황을 개인적으로 받아들인다.

이 논리를 활용하여 자신에게 몇 가지 질문을 던져본다면 상대의 의도를 파악하는 데에 도움이 될 것이다. 단, 이 과정에서도 자신의 논리, 신념, 약속이 상대의 논리, 신념, 약속과는 다르다는 점을 늘 기억해야 한다.

'나 전달법'을 활용하여
질문의 프레임을 설정하라

동료나 친구, 가족이 한 말의 의도를 파악하는 최선의 방법은 무엇일까? 개인적으로 받아들여야 할 문제인지를 알고 싶다면 상대에게 물어보는 것이 최선이다. 질문을 할 때에는 '나 전달법'을 활용하여 완곡하고 정중한 방식을 취하는 것이 좋다.

예를 들어, "네가 한 말 때문에 기분이 나빴어. 너 때문에 상처받았어. 혹시 개인적인 모욕이었던 거야?"라고 물으면 책임을 상대에게 돌리는 꼴이 된다. 이보다는 "내가 일전에 들은 말 때문에 상처를 받았어. 솔직히 말하자면 좀 개인적으로 받아들였어. 내가 잘 몰라서 물어보는 건데, 혹시 괜찮다면 어떤 의미로 말 한 건지

답해줄 수 있겠어?"라고 묻는 편이 훨씬 효과적이다.

필자는 수년간 분노로 말미암은 문제를 겪었다. 당시에는 주위 사람들의 말과 행동을 개인적으로 받아들이곤 했는데, 지금 돌이켜보면 전혀 그럴 필요가 없는 일이었다. 괜한 생각에 사로잡혀 엄청난 시간과 에너지를 낭비했던 것이다.

우리가 어떤 말을 듣고 기분이 상했다면, 그것은 상대가 우리에게 상처를 주고 싶어 했기 때문인 걸까? 아니면 상대는 그런 의도가 아니었는데 우리가 잘못 해석한 것일까?

물론 필자도 모든 상황의 답을 알 수는 없다. 다만 한 가지 분명한 것은 모든 상황을 개인적인 공격으로 받아들일 필요는 없다는 것이다. 대부분의 경우, 사람들의 머릿속은 자신에 대한 생각으로 가득하기 때문에 굳이 다른 사람에게 상처를 주겠다는 생각을 품을 여유가 없다.

항상 이런 사실을 기억한다면 도움이 될 것이다.

길고양이 리버티의
애정 표현

쩨 오래전, 필자는 페이스북에 이런 게시글을 올린 적이 있다. "내가 리버티라는 이름을 붙여준 길고양이가 오늘 아침 우리 집 현관에 죽은 쥐머리를 가져다 놓았다. 몸통은 없이 머리만 말이다! 아마 리버티가 영화를 좀 봤나 보다. 흠, 대체 무슨 말을 하고 싶었던 걸까?"

당시에는 고양이에 대한 지식이 거의 없었지만, 고양이들이 인간에게 애정을 표하고 싶을 때 죽은 동물을 가져다준다는 사실은 알고 있었다. 그런데 리버티가 쥐의 머리만 가져온 점이 흥미로웠다. 영화 대부(The Godfather)에 등장하는 침대 속의 말머리가 떠올랐기 때문이다. 그 영화 속에서 말머리는 꾕장히 강력한 메시지를 보내기 위한 수단으로 쓰인다.

필자가 평소 페이스북에 진지한 글을 올리면 댓글이 기껏해야 서너 개 정도 달리는데, 리버티 게시물에는 70개가 넘게 달렸다. 그중에는 꽤나 흥미로운 내용도 많았다.

어떤 사람들은 상대방의 입장에서 가치를 봐야 한다는 댓글을 달았다. 즉, 필자가 보기에 쥐머리에는 그 어떤 가치도 없었지만 리버티에게는 가치가 있었다는 뜻이다. 리버티가 자신에게 가치 있는 것을 필자에게 준 것이니, 비록 선물 자체는 끔찍하지만 그 정성만은 고맙게 생각해야 한다는 의견도 있었다.

몇몇은 이를 교훈 삼아 앞으로 선물을 고를 때에 상대방의 취향을 잘 생각해야겠다는 이야기를 했다. 이 또한 중요한 교훈이다. 물론 리버티는 이해할 수 없겠지만 말이다.

서로 다른 사랑의 언어

댓글에서 얻은 훌륭한 두 개의 교훈 덕에 떠오른 책이 있다. 바로 몇 년 전에 읽은 게리 채프먼(Gary Chapman) 박사의 《5가지 사랑의 언어(The Five Love Languages)》라는 책이다. 이 책에서 소개하는 다섯 가지 애정 표현 방법은 '인정하는 말', '함께하는 시간', '선물', '봉사', '스킨십'이다. 사람들은 다섯 가지 방법을 복합적으로 활용하지만, 각자 주로 사용하는 방법은 한 가지로 정해져 있다고 한다.

사람들이 자신의 신념을 보편적인 믿음으로 착각한다는 사실은 앞서 언급한 바 있다. 그런데 이 착각은 사랑을 주고받는 방식에도 똑같이 적용된다. 즉 자신이 좋아하는 방식을 상대방도 좋아하리라 생각하는 것이다.

그래서 상대에 대한 '봉사'로 애정 표현을 하는 여성이 '스킨십'으로 애정 표현을 하는 남성을 만나면, 여성은 남성이 자신의 배려와 봉사를 고마워하지 않는다고 오해하게 된다. 아마 이 여성은 남성이 왜 자신에게 봉사할 생각을 하지 않는지 이해할 수 없을 것이다.

이 모든 일은 무의식의 세계에서 일어나기 때문에 위에 등장한 여성과 남성은 같은 사랑의 언어를 말할 수 없을뿐더러 자신들이 서로 다른 언어를 사용하고 있다는 것조차 알 수 없다. 어쩌면 사랑의 언어라는 것이 존재한다는 사실조차 모를 수도 있다.

사랑의 언어에 관한 원칙은 연인이나 부부 외에도 누구나 활용할 수 있다. 그러니 이제부터 자신이 사용하는 사랑의 언어와 상대가 사용하는 사랑의 언어가 각각 무엇인지 관찰하고 항상 각자의 언어를 인식하려고 노력하자.

아니면 리버티 같은 길고양이를 사귀어보는 것은 어떨까? 쥐머리를 선물로 받을 각오가 필요하겠지만, 애정 표현의 차이는 확실히 배울 수 있을 것이다.

상황부터
파악하라

필자의 블로그에는 타인을 설득하거나 영향력을 행사하려다 어려움을 겪은 독자들이 종종 질문을 남기곤 한다. 그리고 이들 중 대부분은 하루아침에 적을 친구로 바꿀 수 있는 구체적인 표현을 알려달라고 한다.

물론 적절한 단어나 문장을 사용하는 것은 중요하다. 그러나 적절한 표현을 사용하려면 우선 갈등의 기저에 있는 근본적인 원인을 이해해야 한다. 설득력을 극대화할 수 있는 말을 찾으려면 먼저 상황의 문맥, 즉 상대방의 신념 체계를 이해해야 하는 것이다.

어느 날 한 독자가 너무 어렵고 속상한 상황에 처해있다며 블로그에 도움을 청하는 글을 남겼다.

저희 단체에서는 지금까지 늘 몸이 아픈 회원에게 화분이나 꽃을 보내왔습니다. 그런데 갑자기 이사회에서 이 전통을 중단하기로 결정했습니다. 예산이 부족한 것도 아닌데요. 제가 다음 회의에 참석해서 이 중요한 전통을 지켜야 하는 이유를 발표하기로 했는데, 뭐라고 말해야 좋을지 모르겠습니다. 도와주시겠어요?

필자는 우선 한 가지 절대적인 정답이 있는 것은 아니라고 답한 다음, 이사회와 이 사안을 논의할 때 효과적인 방법을 찾기 위해 해야 할 일로 아래의 두 가지를 제안했다.

1. 우선 이유를 파악하십시오. 이사회가, 그리고 이사 개개인이 어떤 이유로 꽃 배달을 중단하려 하는 건지 파악해야 합니다. 이유도 모르는 채 문제를 해결하려 하는 건 눈을 감고 비행기를 조종하는 것과 마찬가지입니다. 이사회의 우려 사항을 모르는 상태에서 여러 이유를 대며 설득하려 해봤자 헛수고겠죠.
그냥 물어보십시오. 한 명 한 명에게 연락하여 구체적으로 어떤 우려 때문인지 정중하게 문의하면 됩니다. 단, 이때 적으로서의 대결 구도가 아닌 친구로서의 대화 구도를 설정하는 것이 중요합니다.

2. 이사회의 우려 사항을 존중하십시오. 이사회가 우려하는 바와 그들의 자존심, 의도를 존중하는 방식으로 발표를 준비해야 합니다. 아마 이사회 또한 조직에 이익이 된다고 생각하여 내린 결

정일 것입니다. 그러므로 발표를 시작하며 이를 언급한다면 모두가 조직을 위하는 같은 편이라는 사실을 인식시킬 수 있을 것입니다.

이런 상황에 적절하게 접근하려면 우선 근본적인 원인부터 파악해야 한다. 원인 파악이 선행되지 않는다면 아무리 강력하고 설득력 있는 표현을 가져다 쓴다고 해도 효과가 없다. 우선 전체적인 문맥을 파악하고 나면, 상대가 원하는 것과 우리의 해결책 사이의 공통점을 찾아 공략할 수 있다.

이는 항상 명심해야 하는 진리로 친구, 가족, 동료, 상사, 직원, 잠재 고객 등 누구에게나 해당된다. '상대방'의 관점에서 상황을 볼 수 있어야만 상호 이익을 위한 설득에 적합한 말을 찾을 수 있다.

충분한 정보를 가지고
답하라

최고의 영향력을 가진 사람이 되면 주변 사람들이 의견을 묻기 시작할 것이다. 자신이 처한 상황이나 있었던 일을 이야기하며 조언을 구하기도 하고, 가상의 상황을 제시하며 어떻게 할지 묻기도 할 것이다.

그런데 상황에 대한 충분한 정보가 없는 상태에서는 어떤 답변을 해도 어설픈 추측에 그칠 수밖에 없다. 게다가 만약 우리의 답변에 질문자의 행복이나 경제적 안정이 달렸다면 섣불리 추측하는 것은 위험하다.

우리가 타인에게 주는 의견이나 조언은 결국 우리가 세상을 보는 방식, 즉 우리 자신의 신념 체계를 바탕으로 생성된 추측일 뿐이다. 게다가 판단의 근거로 사용할 정보가 제한적이어서 정보의 빈틈을 우리 방식대로 채워 넣게 된다. 이 또한 굉장히 위험하다.

이렇듯 정보가 부족하면, 상대에게 코칭이나 멘토링을 제공하는 상황에서도 가르침을 받는 상대방의 입장이 아닌, 코치와 멘토의 입장에서만 생각하게 된다.

유익한 답을 주려면 유익한 질문을 통하여 진실을 가로막을 가능성이 있는 모든 추측을 드러내야 한다.

살다 보면 충분한 정보가 없는 상황에서 질문에 답하고 싶은 유혹이 들 수 있다.

하지만 기억하라. 최고의 영향력을 지닌 사람이 되려면 그런 유혹을 뿌리칠 수 있어야 한다.

상대방의 관점에서
바라보라

필자는 신념 체계가 의사소통을 방해하는 예로 인도 우화 '장님 코끼리 만지기 이야기'를 참 좋아한다. 이 우화에서는 여섯 명의 장님이 각기 코끼리의 다른 부위를 만지고는 각자의 제한된 관점으로 코끼리라는 동물의 모양에 대하여 여섯 개의 결론을 내린다.

19세기 영국 시인 존 고드프리 삭스(John Godfrey Saxe)가 개작한 우화는 이렇게 진행된다. 우선 코끼리의 옆면을 만진 첫 번째 장님은 코끼리가 벽 같다고 했다. 그러자 상아를 만진 두 번째 장님이 코끼리는 뾰족한 창 같다고 말했다. 코를 만진 세 번째 장님은 두 명에게 대체 무슨 소리를 하는 거냐며 코끼리는 뱀 같다고 말했다. 나머지 세 장님도 물론 각각의 관점에 따라 자신의 의견을 냈다.

로이 H. 윌리엄스(Roy H. Williams)는 자신의 저서 《광고 마법사의 마술 세계(Magical Worlds of the Wizard of Ads)》에서 "장님들 각자가 지각한 코끼리의 모습이 그들에게는 현실이니, 지각적 현실(perceptual reality) 측면에서는 모두의 말이 맞다"고 썼다. 그리고는 이렇게 덧붙였다. "타인을 설득하려는 우리의 노력은 우화 속에서 서로 자신의 관점으로 코끼리를 '보게' 하려는 장님들의 노력과 크게 다를 바 없다."

정말이지 통찰력 있는 설명이다. 윌리엄스의 말은 설득과 영향력이 효과를 발휘하지 못하는 가장 큰 원인을 정확하고 간결하게 보여준다.

우리는 우리만의 신념에 따라 세상을 바라볼 뿐 아니라 다른 사람들도 똑같은 방식으로 보리라고 추측하는 것이다.

윌리엄스는 또 이렇게 덧붙인다. "혹시 가족, 친구, 동료, 고객 또한 그들만의 지각적 현실 속에서 살아가는 것은 아닌지 생각해본 적 없는가? 그렇다면 그들에게 우리가 보는 코끼리의 모습을 강요할 게 아니라 우리가 그들이 보는 코끼리를 보려고 노력해보는 것은 어떨까? 인내심을 가지고 각기 다른 관점에서 코끼리를 본다면 언젠가 전체를 보게 되는 날이 올지도 모른다. 만약 그런 날이 온다면 우리는 진실로 들을 가치가 있는 말을 할 수 있을 것이다."

거듭 말하지만, 정말 훌륭한 주장이다. 우리의 의견이나 제안에 상대방의 동의를 얻으려면 반드시 상대의 관점에서 현실을 봐야 한다.

타인의 관점에서 '코끼리 바라보기'를 꾸준히 연습해보자. 물론 쉽지는 않겠지만, 이 연습을 통하여 타인과 그들의 신념 체계에 대하여 배우고, 우리 자신의 신념 체계를 더 깊이 들여다볼 기회를 얻을 수 있을 것이다. 그리고 우리의 신념 체계 안에도 삶의 발목을 잡는 신념들이 있음을 깨닫게 될 것이다.

불필요한 신념은
과감히 바꿔라

그렇다면 우리 인간은 신념의 희생자일까? 부분적으로는 그렇다고 볼 수 있다.

하지만 신념 체계가 우리의 반응이나 대응을 지배한다는 사실을 의식적으로 인식하면 자신에게 도움이 되도록 이 체계를 변화시킬 수도 있다.

정말이지 희소식이 아닐 수 없다. 우리의 삶 자체와 일상을 살아가는 방식을 우리 스스로 다스릴 수 있다는 말이 아닌가. 이는 또한 괴로운 일이 있을 때나 인생을 뒤바꿀 큰 사건에 직면했을 때도 더 발전한 새로운 신념을 활용하여 유익하고 생산적인 방식으로 대처할 수 있다는 의미이기도 하다.

반면 타인의 근본적인 신념을 바꾸는 것은 거의 불가능하며, 그들의 신념을 바꾼다고 성공이나 영향력을 손에 넣을 수 있는 것도 아니다. 그저 모두 각자 다른 신념을 바탕으로 살아간다는 점만 이해하면 된다. 그런 다음, 이 책에 소개한 정보를 활용하여 상대의 신념 체계 안에서 영향력을 행사하여 모두에게 이익이 되는 결과를 이끌어내는 것이다.

PART 4

상대방의 자존심을
존중하라

|

궁극의 동기 유발 요인
'자존심' 활용하기

인류가 직면한 가장 큰 문제는
자신의 옳고 그름, 강점과 약점을 파악하는 문제를
모두 자존심과 결부시킨다는 것이다.

|

레이 달리오(Ray Dalio), 미국의 사업가

말이라는 동물은 튼튼하고 힘이 세지만 거칠기도 하다. 기수가 잘 다루기만 하면 그 힘을 여러 곳에 활용할 수 있다. 그러나 기수가 잘 통제하지 못하면 주변은 순식간에 아수라장으로 변한다. 말의 힘은 말 자신에게, 기수에게 그리고 근처의 모든 것에게 큰 위협이 된다. 우리의 자존심이 바로 이 말과 같다. 우리 자신은 이를 다스리는 기수다.

잠재적인 적과의 갈등에서 우리가 자존심을 (그리고 그에 결부된 다른 감정들을) 잘 다스릴 수만 있다면 상대 또한 자신의 자존심을 다스릴 것이다. 그렇게 할 수 있다면 최악의 경우로 치닫던 상황도 모두에게 훨씬 이로운 상황으로 바꿀 수 있다.

흔히 '자존심'이라는 단어는 부정적인 의미로 사용되는 경우가 많다. 예를 들면 "저 여자는 자존심이 하늘을 찔러"라든가 "저 남자는 자존심이 통제 불능이야"라는 식으로 말이다.

어떤 사람들은 자존심의 장점을 전혀 고려하지 않고 그저 무시하거나 감춰야 할 대상으로 치부한다.

하지만 만약 인간에게 자존심이 없었다면 뛰어난 업적들을 이루지도 못했을 것이다. 자존심이 없다는 것은 자신의 존재나 개성을 의식하지 못한다는 의미이므로 자연히 발전 의지를 불태울 수도, 성공하겠다는 동기를 유발할 수도 없기 때문이다. 자신의 인생에서 성공을 이뤄낼 수 없다면, 타인의 인생을 유익하게 만드는 것도 불가능하다.

인간은 발명을 하거나 사업을 시작하기도 하고, 질병을 치료하거나 집을 짓기도 한다. 우리가 누리는 문명의 이기는 어찌 보면 자존심, 즉 인간이 자신을 존중하는 마음 덕에 이룰 수 있었던 것이다.

이러한 자존심을 잘 다스려 완벽하게 지배할 수 있다면, 그리고 자존심에 연관된 다른 감정들을 긍정적으로 활용할 수만 있다면 우리는 꿈 꿔온 것보다 훨씬 더 큰 목표를 성취할 수 있다.

반대로 자존심의 부정적인 면이 우리를 지배하는데도 자각하지 못하면 문제가 더욱 악화되어 삶의 효율성이 크게 떨어진다.

자존심의 부정적인 면만 부각되는 데에는 그만한 이유가 있다. 자존심을 잘못 활용했을 때에 오는 피해가 엄청나기 때문이다. 잘못된 자존심은 선한 의도의 운동가를 독재자로 만들어버리고, 자기 파괴의 길로 내몰기도 한다.

사람들이 쉽게 마음을 상하고 분노와 원망을 품는 것도 모두 자존심 때문이다. 우리가 설득하려는 상대방도 분명히 조심해서 다뤄야 할 자존심이라는 괴물을 가지고 있다.

그러므로 상대에게서 우리가 원하는 것이나 필요한 것을 얻으려면 늘 상대의 자존심을 의식해야 한다. 그러지 않으면 아무리 효과적인 해결책이 있더라도 무용지물이 될 가능성이 크다. 거듭 강조하지만, 늘 상대의 자존심을 의식하고 조심스럽게 다뤄야 한다.

이번에도 책임은 우리 손에 놓여 있다. 최고의 영향력을 갖추려면 상대의 자존심을 적절히 활용할 수 있어야 한다. 상대는 자신의 자존심을 자각하지 못하며, 우리가 가진 자존심의 존재 또한 알아채지 못한다. 설령 우리의 자존심을 알아본다고 하더라도, 어차피 그들에게는 자신의 자존심이 훨씬 더 중요하다.

그래도 괜찮다. 최고의 영향력을 가진 사람들은 세상을 자신이 원하는 대로 보기보다는 현실 그대로 받아들이며, 그 안에서 영향력을 발휘한다. 이렇게 함으로써 우리는 모두를 위하여 더 좋은 세상을 만들 수 있다.

타인과 (특히 잠재적인 적과) 대화할 때에는 늘 자신과 상대 사이에 두 개의 자존심이 놓여 있다는 점을 명심하라. 그리고 그 자존심의 존재를 아는 것은 우리뿐이라는 것도 기억해야 한다. 요컨대 자존심을 잘 활용할 책임은 우리에게 있는 것이다.

4부에서는 상대의 자존심을 인식하여 모두에게 이로운 방향으로 활용하는 구체적인 방법을 알아보도록 하겠다. 자존심은 통제 불능의 말과 같은 존재이기는 하지만, 잘만 다루면 까다로운 적들도 든든한 아군으로 만들 수 있다.

CHAPTER

22

망신과 창피는
금물!

어느 현자는 "타인을 망신 주느니 펄펄 끓는 용광로에 들어가는
게 낫다"고 했다. 지나치게 극단적으로 들리는 이 말을 우리는 어
떻게 받아들여야 할까?

물론 문자 그대로 받아들이는 것은 곤란하다. 그러나 상대에게
망신을 주거나 창피를 주는 일은 무슨 수를 써서라도 피해야 한
다는 강렬한 메시지만은 분명히 읽어낼 수 있을 것이다. 상대를
망신 주는 일은 그 자체로도 지양해야 할 몰인정한 행동인 동시
에 스스로 영향력을 잃게 만드는 어리석은 행동이기도 하다. 영향
을 주고 싶은 상대에게 망신을 줬다면 기회는 영영 물 건너간 셈
이다.

필자는 지금까지 살면서 상대에게 망신 주는 사람이 잘 되는
것을 한 번도 본 적이 없다. 상대의 감정을 상하게 하는 농담치고

재미있는 농담도 없었으며, 실수를 저질러 상사에게 망신당한 부하 직원이 그 뒤로는 일을 더 잘하더라는 얘기를 들어본 적도 없다. 타이른답시고 다른 사람들 앞에서 창피를 준다고 아이가 꾸지람을 교훈으로 삼더라는 얘기도 들어본 적이 없다.

리더십 교육이나 경영 교육에서는 칭찬은 공개적으로 하고 비판은 남몰래 하라는 (그럴만한 이유가 있는 훌륭한) 금언이 있다. 만약 젊은 부하직원이 주어진 일을 잘 해내면 되도록 많은 사람 앞에서 직접적인 말로 칭찬해주는 것이 좋다.

반대로 직원이 엉뚱한 실수를 했다면 조용히 따로 불러 이야기하는 것이 좋다. 잘못한 내용과 그 이유를 알려주고 다음번에는 실수를 반복하지 않도록 방법을 알려주는 것이다. 만약 실수를 저지른 직원을 앞으로 불러낸다면 모든 사람에게 안 좋은 결과로 이어질 것이다. 불려 나온 직원은 낙담하여 의욕을 잃을 것이며, 나머지 직원들은 겁을 먹게 될 것이다. 이렇게 두려움으로 사람을 움직이면 강제적인 동원은 가능하겠지만 자발적인 참여를 유도하는 것은 불가능해진다.

최고의 영향력을 지닌 이들은 자존심이라는 것이 얼마나 연약한 것인지 항상 인식하고 있으며, 그 인식을 바탕으로 행동한다. 그렇기 때문에 아주 특별한 경우를 제외하고는 절대로 일부러 타인을 창피하게 만들거나 망신주지 않는다.

레스 기브린(Les Giblin)은 저서《상대방을 사로잡는 대인관계술 (How to Have Confidence and Power in Dealing with People)》에서 "다

른 사람의 자존심을 짓밟지 않고 원하는 바를 이루는 것이 중요하다"고 썼다.

배려, 공감, 정중한 표현을 활용하여 상대방의 자존심을 존중하면서 우리의 의견을 전달한다면 우리 또한 상대의 존경을 얻을 수 있다. 그러면 상대는 자발적으로 우리에게 충성하거나 일에 참여할 것이고, 혹시 다음번에 비슷한 상황이 발생할 때도 우리 의견에 호의적인 태도를 보일 것이다.

상대를 제물로 삼아 증명하려 하지 마라

다른 사람들 앞에서 상대를 지적하거나 정정하는 것 또한 주의해야 한다. 비록 상대를 망신주려는 의도가 없다 하더라도 결국에는 망신을 주게 되기 때문이다. 지금 당장, 혹은 미래에 상대를 우리의 협력자로 만들고 싶다면 그들을 망신주거나 언짢게 해서는 안 된다.

비록 많은 시간이 흘렀지만, 필자는 데일 카네기의 《카네기 인간관계론》을 처음 읽었을 때의 충격을 생생하게 기억한다. 카네기는 이 책에서 자신의 일화를 하나 소개했다.

하루는 카네기가 연회에 참석했는데 다른 참석자의 발언에 사소한 실수가 있어서 그 자리에서 지적하여 고쳤다. 그런데 옆에 앉아있던 카네기의 친구가 사실은 발언자의 말이 정확하다며 다시 카네기의 말을 정정하는 것 아닌가.

카네기는 나중에 친구에게 왜 자신의 말을 다시 정정했느냐고 물었다. 그러자 친구는 점잖은 말로 그를 꾸짖었다. 별것도 아닌 일에 굳이 자신이 옳다는 것을 증명하기 위해서 타인의 체면을 구길 필요는 없지 않으냐는 말을 하면서 말이다.

필자는 이 일화를 읽으며 내심 뜨끔했다. 필자 또한 아무 해 될 것도 없는 사소한 일에도 잘못된 점이 보이면 기어이 나서서 지적하고 아는 척을 해야 직성이 풀리는 버릇이 있었기 때문이다. 물론 이런 지적의 결말이 좋았던 적은 한 번도 없었다. 당황한 상대방에게 원망을 사는 일만 반복되었을 뿐이다.

독자 중에는 "하지만 객관적인 사실이 틀린 경우에는 지적해도 되는 것 아닌가요?"라고 묻고 싶은 분들도 있을 것이다. 이는 상황과 문맥에 따라 판단할 사항이다. 지적하기 전에 자신에게 다음과 같은 질문을 던져보자. '반드시 정정해야 할 정도로 중요한 일인가?' '다른 사람들 앞에서 지적함으로써 가져올 수 있는 이점이 있는가?' '지적을 하는 것은 상대에게 도움이 될까, 해가 될까?' '지적을 하면 상대는 이를 부끄럽게 생각할까, 잘 수용할까?'

예를 들어 누군가 "최고의 타자는 테드 윌리엄스지. 1940년에 4할 6리를 치다니 대단하잖아"라고 말했다고 하자.

사실 윌리엄스가 4할 6리를 기록한 해는 1941년이다. 여기서 상대방을 지적하여 이를 정정할지는 위에 소개한 질문의 답에 달렸다. 만약 친구와의 격의 없는 대화 중 나온 얘기라면 그 자리에서 정정해도 상관없다. 그러나 사람들 앞이어서 상대에게 망신을 줄 위험이 있다면 아무 말도 하지 않는 게 현명하다. 나중에라도 말해주는 게 좋을까? 이 또한 상황에 따라 다르지만, 알려준다고 해가 되지는 않을 것이다. 상대의 말을 정정할 때에는 우선 "내가 틀렸을 수도 있는데"라고 말문을 연 다음 "내 기억에는 1941년이었던 것 같아"라고 말하면 좋다.

만약 상대가 정확한 사실을 알고 싶어 할 만큼 관심이 있다면 우리의 말을 잘 받아들일 것이다.

위의 예는 어찌 보면 사소하게 느껴지는 사안이지만, 우리가 살면서 수도 없이 저지르는 실수이기도 하다. 분명히 여러분도 사람들 앞에서 다른 사람을 지적해본 적이 있을 것이고, 반대로 지적을 당해본 적도 있을 것이다. 그랬을 때에 느낌이 어땠는가? 또, 상대는 어떤 감정을 느꼈을 것 같은가?

영향력을 높이고 사람들의 지지를 이끌어 내려면 애정과 신뢰를 얻어야 한다. 우리가 사람들 앞에서 누군가에게 망신을 준다면, 상대는 우리에게 호감을 느끼게 될까, 반감을 느끼게 될까? 공개적으로 창피를 당할지도 모른다는 두려움을 느끼는 사람이 과연 우리를 신뢰할 수 있을까?

다시 한 번 말하지만, 물론 모든 것은 상황에 따라 다르다. 단, 이것만은 명심하자. 우리가 옳다는 것을 증명하기 위하여 상대를 제물로 삼을 필요는 없다.

지금부터 소개할 내용 또한 앞의 두 내용과 연관이 있다.

사람들은 농담이 호감을 높인다고만 생각하기 때문에 잘못된 농담의 위험성은 잘 알지 못한다. 그러나 상대를 모욕하는 농담은 그야말로 적을 양산하는 지름길이다.

예전에 함께 일했던 사람 중 데이브라는 남자가 있었다. 데이브는 사람들을 '농담 삼아' 놀리는 것을 즐겼다. 대부분의 경우 상황은 이렇게 흘렀다. 우선 데이브가 상대방을 놀린다. 상대는 웃지 않는다. 그러면 데이브는 "에이, 농담이에요"라고 말한다. 상대는 기분이 상한 표정으로 웃는다. 어쨌든 상대가 웃는 것을 본 데이브는 일이 잘 해결되었다고 착각한다. 그러나 물론 데이브가 놀린 상대들은 그를 전혀 좋아하지 않았다.

이를 보고 있던 필자는 어느 날 데이브를 불러서 얘기했다. "데이브, 굳이 '농담이야'라고 설명해야 하는 농담은 좋지 않은 농담이에요. 상대는 전혀 재미있어하지 않는다고요."

데이브는 필자의 말을 이해하지 못했다. 타인의 말을 듣지 않으려는 사람은 어디에나 있는 법이다.

벤저민 프랭클린(Benjamin Franklin)은 자신의 저서 《가난한 리처드의 달력(Poor Richard's Almanack)》에서 "농담은 적을 친구로 만들 수는 없지만, 친구를 적으로 만들 수는 있다"고 말했다.

누군가를 놀리고 모욕해야지만 재미있는 농담을 할 수 있다고 생각한다면 차라리 농담을 하지 않는 편이 좋다. 굳이 그런 식의 농담을 하고 싶다면 자신을 소재로 삼아야 한다.

코미디언 로드니 데인저필드(Rodney Dangerfield)가 많은 이들의 사랑을 받은 이유는 무엇일까? 반짝이는 재치도 큰 이유였겠지만, 항상 자신을 개그의 소재로 삼았던 것도 한몫했을 것이다. 그런 덕분에 관객들은 데인저필드의 개그를 보며 편안한 마음으로 함께 웃을 수 있었던 것이다.

변호사가 아닌
판사가 돼라

현명한 이들은 우리에게 변호사가 아닌 판사가 되어야 한다고 말
한다.

실제 법정의 판사를 생각해보면 이 조언의 의미를 쉽게 이해할
수 있다. 변호사는 자신이 대리하는 고객의 승소를 위하여 법적·
윤리적으로 가능한 모든 방법을 동원한다. 그러나 판사는 그렇지
않다. 판사는 법 절차에 따라 재판을 원활하게 진행하는 역할을
하며, 항상 양측의 주장을 공평하게 듣는다.

요컨대, 판사는 쟁점 사안에 대한 양측의 주장을 이해하고 최
대한 공정한 입장을 취한다.

이러한 태도는 사실 판사뿐 아니라 모두가 삶에 적용할 수 있
다. 혹시 격렬한 의견 대립에서 그저 이기고만 싶은 마음에 상대
가 옳다는 것을 알면서도 주장을 굽히지 않고 우겨본 적이 있는

가? 직업이 변호사라면 모르지만, 이는 결코 현명한 방법이 아니다(물론 변호사들의 이러한 행동도 법정에서만 허용된다).

그렇다면 상대와의 갈등에 대처하는 성숙한 방법은 무엇일까? 쉽지는 않겠지만, 현명한 판사의 눈으로 상황을 본다면 상대의 존경을 이끌어낼 뿐만 아니라 영향력 또한 크게 강화할 수 있을 것이다. 그러려면 상황에서 한 발짝 물러나 양쪽의 입장을 모두 살펴보아야 한다. 자신의 입장은 이미 잘 알고 있을 테니, 상대방의 입장을 특히 주의 깊게 살피고 공정한 배심원이라면 어떤 판결을 내렸을지 자문해보면 된다.

인간은 자존심이 개입된 일에 공정성을 잃기 마련이다. 자존심이라는 괴물은 자신이 틀렸다는 것을 아는 상황에서도 수단 방법을 가리지 않고 이기고 싶어 하기 때문이다. 이 비생산적인 욕망을 극복하고 싶다면 판사가 되는 연습을 게을리해서는 안 된다.

자존심을 잘 다스리고 자존심의 불필요한 개입을 막을 수 있다면, 상황을 더 잘 이해하고 상대의 존경을 얻을 수 있을 것이다. 이러한 과정을 거쳐 상대에게 최종적인 의견을 전달한다면, 상대방 또한 우리의 말을 더 경청할 것이다. 이때 비로소 최고의 영향력을 거머쥘 자격을 갖추는 것이다.

먼저 동의한 후
설득하라

데일 카네기는 "논쟁에는 승자가 없다"는 가르침을 남겼다. 마음에 새겨둘 만한 조언이다.

논쟁에는 승자가 없다는 건 어떤 의미일까? 우선 논쟁에서 패하면 승자가 될 수 없다는 건 당연하다. 그런데 이상하게도 논쟁에서 이겨도 (즉, 우리가 옳고 상대가 그르다는 것을 증명한다고 하더라도) 진정한 승자가 될 수는 없다. 논쟁 자체에서 이겨도 결국 상대를 설득할 수는 없기 때문이다. 이유가 뭘까? 바로 자존심이다. 논쟁이 벌어지면 승패에 상관없이 자존심을 건드리게 되는데, 자존심은 감정에 매우 예민하게 반응한다.

그래서 논쟁으로 상대를 굴복시킬 수는 있지만, 영향력을 발휘하거나 설득하는 것은 거의 불가능하다.

그렇다면 상대가 옳지 않은 주장을 펼 때에 어떻게 해야 할까?

그럴 때는 상대가 틀렸다는 것을 알아도 우선 동의해야 한다. 적어도 처음에는 말이다. 이렇게 하면 논쟁이 벌어질 거라 예상하던 상대는 일단 안심하며 무장을 해제할 것이다. 따지고 드는 대신 동의하는 것이다. 필자가 말하는 '동의의 법칙'은 다음과 같다.

자신의 의견과 논쟁하는 사람은 없다.

한 번 생각해보자. 우리는 이미 상대에게 동의한다고 밝혔으므로 상대는 "아니야, 네가 틀렸어!"라고 말할 수 없다. 그것은 "내가 틀렸어!"라고 말하는 것과 마찬가지이기 때문이다.

단, 여기서 멈춰서는 안 된다. 상대에게 동의의 뜻을 밝혔다고 해서 우리의 의견을 접어야 하는 것은 아니다.

우선 상대에게 동의한 다음, 이 책에서 지금까지 살펴본, 그리고 앞으로 소개할 설득의 기술을 활용해야 한다. 상대에게 우리의 의견을 말하기 전에는 "혹시 몰라서 말인데"라거나 "내 생각을 말하자면" 등의 완충적인 '여는 말'을 사용하는 것이 좋다.

그리고 상대의 말에 동의하고 우리의 의견을 말할 때에는 '하지만'이라는 단어는 쓰지 않는 것이 좋다. 상대의 말에 동의한다는 자신의 말을 부정하는 꼴이 되기 때문이다. 잠시 옆길로 새자면, 일반적으로 협상술에서는 상대의 말을 받아 대화를 이어갈 때에 '하지만' 대신 '그리고'를 쓰는 게 좋다는 의견도 있는데, 필자는 여기에 동의하지 않는다. 접속사로서 '그리고'가 '하지만'을 대신하지 못하는 경우가 있는 데다, '하지만'을 쓰는 것이 훨씬 자연스러운 경우도 많기 때문이다.

상대의 말에 동의한 후 잠시 가만히 있다가 완충적인 표현으로 우리의 의견을 말하는 것으로 충분하다. 이미 동의의 말로 상대의 방어벽을 효과적으로 제거했기 때문에 상대는 우리의 의견을 경청할 것이다.

그럼 잠시 짧은 예시를 함께 살펴보자.

안내 데스크 직원 : "저희 호텔 규정상 체크인은 오후 3시 이후에 할 수 있습니다."

손님 : "아, 그렇군요. 규정을 지키는 것은 중요하죠. 모든 규정에는 이유가 있으니까요."

위의 예시에서 손님은 직원의 말에 따지지 않고 동의했다. 손님의 동의에 직원은 긴장을 풀고 마음을 놓았을 것이다. 이제 직원에게는 손님이 정중하게 제시하는 해결책을 들어볼 마음의 여유가 생겼다.

우선 상대의 의견에 동의하여 마음을 열게 한 다음에 상대가 해결책 위주로 생각하도록 도와주어야 한다.

예를 들어 이렇게 말하는 것은 어떨까?

"체크인 시간이 정해져 있는 이유는 투숙객을 맞을 수 있도록 방을 깨끗하게 청소하기 위해서겠죠. 그 청결함 때문에 제가 이

호텔을 좋아합니다. 혹시나 해서 부탁드리는데, 바쁘시지 않다면 제가 지금 체크인할 수 있도록 청소가 끝난 방이 있는지 알아봐 주실 수 있을까요?"

직원이 가능 여부를 알아보기 시작하면 "혹시 방이 없으면 정말 괜찮아요. 이해합니다"라고 덧붙인다. (이는 필자가 '비상구 문구'라고 부르는 것인데, 상대를 설득하는 강력한 도구 중 하나다. 그 이유는 53장에서 살펴보자.)

필자의 개인적인 경험과 독자들이 보내온 여러 이메일이 증명하듯, 이 방법은 정말 뛰어난 효과를 발휘한다. 그렇다면 매번 성공할 수 있을까? 꼭 그렇지만은 않다. 그러나 만약 준비된 방이 있다면 체크인을 할 가능성이 높아질 것이고, 기분이 좋아진 직원이 더 좋은 방을 배정해줄지도 모른다.

만약 체크인이 불가능하다는 직원의 말에 감정적인 반응을 보이고 따졌다면 직원은 방어적인 태도를 보였을 것이고, 말다툼으로 이어졌을 수도 있다. 그러나 손님은 이성적인 대응으로 직원의 입장을 이해한다고 밝히고서 서로에게 이로운 해결책을 제시했다. 그 결과 직원은 기꺼이 손님의 제안에 응했던 것이다.

이를 항상 기억하라. 우선 상대에게 동의하고, 그 후에 설득해야 한다.

CHAPTER

25

자존심을
회복시켜라

일이 발생한 것은 밤 9시 45분이었다. 필자는 토론토 국제공항에서 입국 심사를 기다리고 있었고, 모든 일은 원만하게 흘러가는 것 같았다. 필자는 제일 구석에 있는 입국 심사대 앞에 줄을 서 있었고, 심사를 마치고 나가면 호텔로 태워다 줄 자동차가 공항 밖에서 대기하고 있었다. 어서 호텔로 가서 숙면을 취하고 다음 날 있을 세미나에 참석하고 싶었다. 그런데 뜻하지 않은 일이 생기고 말았다.

평소와 다를 바 없이 입국심사대 직원들은 모두 친절해 보였다 (캐나다인들은 정말 친절한 것 같다). 필자의 차례가 되어 미소를 지으며 심사대에 다가갔고, 직원 또한 웃으며 맞아주었다.

여기까지는 긍정적인 프레임이 설정되는 듯했으나 갑자기 일이 예상치 못한 방향으로 흘러갔다.

직원은 필자에게 캐나다 입국 목적을 물었고, 필자는 투자 자문가들을 위한 컨벤션에서 발표하기 위해서라고 답했다. 바로 그 순간, 직원의 태도가 돌변했다. 그녀는 "그럼 세미나 대표로 온 건가요?"라고 물었다. 필자가 그렇다고 답하자 그녀는 불쾌한 빛을 보였다.

"발표 주제가 정확히 뭐죠?" 그녀가 다시 물었다. 독자들도 예상했겠지만 정말 주제가 궁금해서라기보다는 뭔가 꼬투리를 잡으려는 것 같았다.

필자가 주제를 알려주자 그녀는 더 정확한 설명을 요구했다. 다시 설명하자 그녀는 또다시 추가적인 설명을 요구했고, 필자는 그녀의 질문에 답할 수밖에 없었다. 그러자 이번에는 필자를 초청한 고객사에 대한 질문을 퍼붓기 시작했다. 고객사의 역사가 어떻게 되는지, 발표 참가자가 몇 명인지 등을 포함해 입국 심사와는 상관없는 질문이 이어졌다(캐나다에 회의 참석차 자주 드나들었기 때문에 입국 심사에 필요한 질문이 어떤 것인지 정도는 필자도 알고 있었다).

분명히 뭔가 이상했다. 대체 갑자기 무슨 일이 일어났던 걸까?

사람들이 상대방에게 적대감이나 다른 부정적인 반응을 보이는 데에는 두 가지 이유가 있다. 그들이 겉으로 내세우는 이유와 진짜 이유가 바로 그것이다. 사람들은 종종 이 두 이유의 차이를 의식하지 못한다. 그러나 입국 심사 직원은 이런 경우가 아닌 것 같았다.

분명히 무슨 이유가 있어서 갑자기 불쾌해하는 것일 텐데, 필자는 그 이유를 알 수 없었다. 이유를 밝혀내지 못하면 입국 심사대에서 몇 시간이나 잡혀 있어야 할 판이었다.

그녀는 나에게 정확히 '세미나 대표, 컨설턴트, 강연자, 연사' 중 어디에 해당하는지 물었다. 필자는 솔직히 그저 '선량한 사람'이라고 답하고 싶었지만, 그녀가 생각하는 정답은 아닐 듯했다. 게다가 섣불리 아무 말이나 했다가는 불리하게 작용할 것이 뻔했다.

'연사'에 가장 가깝다고 대답했더니 그녀는 볼펜으로 책상을 톡톡 치며 필자를 바라보았다.

여담이지만 중요한 조언을 덧붙이자면, 이러한 상황에서는 아무리 화가 나고, 혼란스럽고, 당황하고, 부당한 처우를 받고 있다고 느껴도 인내심을 잃어서는 안 된다. 감정을 다스리는 것이 중요하다. 진심을 담은 미소를 잃지 말고 참을성 있고 정중하게 대응해야만 한다. 이런 경우 상대방이 무례하게 구는 것은 우리가 당황하여 자제력을 잃기를 '원하기' 때문이다. 정확한 이유는 알 수 없지만 (아마도 무의식적으로) 우리가 상대의 기분을 상하게 했기 때문에 상대 또한 우리를 공격하고 싶어 하는 것이다. 그러므로 절대로 언성을 높이거나 상대를 모욕해서는 안 된다. 냉정하고 침착한 태도를 유지하는 것이 중요하다.

다시 입국 심사 이야기로 돌아오자. 입국 심사 직원은 이번에는 필자가 사례비나 강연료를 받는지 물었다. 일반적으로 사례비는 소정의 수고비 정도인 경우가 많고, 강연료는 그보다 훨씬 더 큰 금액이다. 필자는 그녀가 '사례비'라는 대답을 듣고 싶어 한다는 것을 알았지만, 그래도 사실대로 강연료를 받는다고 답했다.

여기에서 또 하나 중요한 내용이 있다. 바로 거짓말을 하면 안 된다는 것이다. 우선 거짓말은 (사랑하는 사람의 안위가 걸린 거짓말이 아니라면) 옳지 못한 행동이기도 하고, 후에 들통 날 경우 사태를 더 악화시킨다. 예를 들어, 필자가 '사례비'를 받는다고 거짓말을 했다가 실제로 받는 액수가 탄로 난다면 더 큰 곤경에 처하거나, 최악의 경우 변명의 여지도 없이 본국으로 추방될 수도 있는 것이다. 이렇게 된다면 필자를 컨벤션에 초청한 고객사 또한 곤란해질 것이다. 언제나 최선의 방편은 진실이다.

입국 심사 직원 : "선생님, 문제가 되는 사항을 알려 드리죠."

그녀는 별로 문제가 될 것도 없는 규정을 둘러댔다. 그녀가 자신의 행동을 합리화하고 있다는 것을 느낄 수 있었지만, 필자는 끼어들지 않고 진지하게 경청했다.

필자 : "네, 무슨 말씀인지 잘 알겠습니다. 분명 심사에는 규정이 있겠지요. 저는 최대한 규정에 따를 겁니다."

필자는 우선 그녀의 말에 동의를 표했다. 앞 장에서 소개한 '동의의 법칙'을 기억하는가? 그렇다. 자신과 논쟁하는 사람은 없다.

그녀는 아직 필자를 잡아둔 진짜 이유를 드러내지 않았지만, 이제 알아내는 것은 시간문제였다. 과연 이유가 서서히 드러나기 시작했다.

입국 심사 직원 : "혹시 아무개 씨라고 아세요?" (그녀는 미국의 유명한 연설가 겸 작가의 이름을 대며 물었다.)

필자 : "이름은 들어봤습니다."

입국 심사 직원 : "몇 달 전에 그 사람이 이 심사대를 통과해서 입국했는데, 정말 어찌나 거만하게 굴며 안하무인이었는지…"

진짜 이유가 드러나는 순간이었다. 이것이 그녀가 겪은 문제였고, 이제는 필자가 해결해야 할 문제였다. 그녀는 (적어도 표면적으로는) 필자와 비슷한 사람 때문에 감정이 상했던 것이다. 그녀는 (아마도 무의식중에) 당시에 느꼈던 분노를 필자에게 표출하며 대가를 치르게 하려고 했다. 어쨌든 눈앞에 있는 사람은 필자였으니 말이다. 바로 이것이 사건의 발단이었다. 단지 그 이유였던 것이다.

이 사건에는 최고의 영향력의 법칙 중 두 가지가 적용된다.

1. 사람들은 제한된 정보를 바탕으로 판단한다. 그녀는 필자 또한 미국에서 온 연설가 겸 작가이니 지난번의 그 무례한 미국 연설가와 똑같으리라 생각한 것이다.

2. 자존심은 모든 것을 압도한다. 그녀는 감정에 상처를 입은 상태였다. 자존심에 금이 가면 자신의 본래 성격에서 벗어난 행동을 하게 된다. 그녀는 분명히 필자가 직업을 밝히기 전까지는 무척 친절했고, 아마 그게 본래의 성격이었을 것이다.

어쨌든 이제 진짜 이유를 알게 됐으니 설득은 한결 쉬워졌다. 그녀는 눌려 있던 나쁜 감정을 필자에게 모두 쏟아내었고, 상황의 통제권은 자신이 쥐고 있다는 점을 분명히 했다. 이제 필자가 대응할 차례였다. 그렇다고 그녀의 말에 동의하며 무조건 그 작가를 욕할 수는 없는 일이다. 필자는 대신 이렇게 말했다. "이렇게 인내심을 갖고 제 입국 심사를 도와주셔서 정말 감사합니다."

그렇다. 필자는 그녀에게 원하는 것을 언급하며 미리 감사인사를 했다. 이 방법을 적절하게 활용하면 상대방은 우리가 고맙다고 말한 일을 거의 그대로 수행한다.

> 입국 심사 직원 : "뭐, 이렇게 흥을 보면 물론 안 되지만 그래도 정말 까다롭게 구는 사람이었거든요. 선생님은 그런 사람은 아닌 것 같네요. 어쨌든 질문에 성실하게 답하고 협조해주셔서 감사합니다. 토론토에서 좋은 시간 보내세요."

인간은 느낌, 감정, 자존심의 지배를 받고 그에 따라 움직인다. 메리 케이 애시(Mary Kay Ash)는 "사람들은 모두가 '나는 존중받고 싶어요'라고 쓰인 눈에 보이지 않는 목걸이를 걸고 있다"고 말했다. 필자는 입국 심사 직원을 존중하고 그녀의 자존심을 회복시켜줌으로써 상황을 잘 풀어갈 수 있었던 것이다.

26

손으로 직접 쓴
카드의 힘

혹시 필자의 강의에 참석한 적이 있거나 다른 책을 읽은 적이 있
는 독자라면 이미 알고 있겠지만, 필자는 손으로 쓴 카드를 중요
하게 생각한다. 그래서 누군가를 처음 만났을 때나, 함께 사업을
하게 되었을 때, 혹은 고객을 추천받았을 때에도 늘 직접 쓴 카드
를 준비한다.

물론 이메일이 나쁘다는 것은 아니다. 필자만 해도 늘 이메일에
둘러싸여 산다. 그러나 모든 것에는 적절한 때와 장소가 있기 마
련이다. 손으로 직접 쓴 감사 카드만큼 상대에게 강한 인상을 남
기는 것은 드물다. 바쁜 시간을 쪼개서 카드를 고르고 정성 들여
손으로 썼다는 자체만으로도 상대는 자신이 중요하고 특별한 사
람이라는 인상을 받게 된다.

요즘에는 주위 사람들에게 감사의 말을 전할 때에 직접 쓴 카

드보다는 이메일이나 소셜미디어를 활용하는 사람들이 많다. 금세 몇 마디 작성하여 상대에게 보낼 수 있는 편리함 때문이다. 사실 이런 매체가 등장하기 전에도 꾸준히 직접 쓴 카드를 활용하는 사람은 드물었다. 오히려 그렇기에 카드를 쓰는 사람들은 상대에게 강한 인상을 남길 수 있었다. 지금처럼 기술이 발달하여 실제 글씨를 쓰는 사람들이 줄어든 상황에서 직접 손으로 쓴 감사 카드는 그야말로 엄청난 차별화 요소가 될 것이다.

특별히 주문 제작한 자신만의 카드가 있다면 더욱 좋다. 정성을 보이는 데는 엽서보다 카드가 더욱 효과적이다. 카드를 봉투에 넣은 다음 우표를 붙인다. 받는 사람의 이름과 주소 또한 손으로 쓴다. 펜은 검은색보다는 파란색이 좋다. 덜 딱딱하기도 하고, 친근한 느낌을 줄 수 있기 때문이다.

필자의 주변에 강한 영향력을 가진 이들은 직접 쓴 카드를 늘 활용한다. 이들은 적절한 이유가 생길 때마다 다양한 사람들에게 직접 쓴 카드를 보낸다. 잠재 고객이나 현재 거래를 하는 고객 외에도 웨이터, 정비소 직원 등 서비스를 제공하는 사람들에게도 감사 카드를 보내보자. 신고에 답했던 경찰관이나, 병원에 갔을 때 아이를 잘 돌봐주었던 간호사도 좋다.

이렇게 직접 카드를 보내는 것을 넘어서 우리를 도와주었던 사람에게 정말 강한 인상을 남기고 싶다면, 그들의 상사에게 감사 카드를 보내보자. 단, 이런 경우에는 손으로 쓰는 것보다는 인쇄하여 보내는 편이 낫다.

감사 카드에는 여러 장점이 있다. 우선 카드는 받아보는 사람의 기분을 좋게 한다. 게다가 강한 인상을 남기기 때문에 사업상으로든 개인적으로든 늘 상대의 우선순위에 들게 된다.

면접을 본 후에 면접관에게 직접 쓴 감사 카드를 보내는 것은 기본 중의 기본이다.

만약 자녀가 있다면 직접 쓴 카드의 가치를 반드시 가르치자. 선생님에게, 교수님에게, 면접관에게 보내는 정성스런 감사 카드 한 장이 목표를 이루는 데에 무엇보다 큰 차별화 요소가 될 수 있다는 점을 꼭 알려주기를 바란다.

반복적인
칭찬의 힘

상대에게 바라는 긍정적인 모습이 있는가? 그렇다면 상대에게, 그리고 주변 사람들에게 그 이미지를 제시하며 칭찬하라. 반복적인 칭찬을 들은 상대는 곧 우리가 제시한 모습을 닮아가며 그에 맞춰 행동하게 될 것이다.

사람들 사이의 소문이나 험담을 전하지 않고 각각 다른 두 사람을 서로에게 칭찬하는 것도 같은 효과를 낸다(필자는 이를 '역소문'이라고 부른다). A라는 사람에게는 B라는 사람의 긍정적인 이미지를, B에게는 A의 긍정적인 이미지를 제시하며 칭찬하면 둘 사이에는 호의가 형성되고, 이렇게 형성된 호의는 기분 좋은 관계를 맺을 수 있도록 도와준 우리에게로 돌아오게 될 것이다.

긍정적인 이미지를 통한 교화의 예로는 다음과 같은 말들이 있다.

"짐은 정말 보고서를 꼼꼼하게 잘 작성해."

"메리, 너는 항상 능숙하게 사람들을 대하는구나. 정말 멋져."

"톰, 메리, 저희 회사의 서비스 직원인 스티브입니다. 스티브는 정말 훌륭한 직원이니 앞으로도 불편함 없이 잘 도와드릴 거예요. 스티브, 이분들은 방금 우리 최신 제품을 구입하신 고객분들이네. 최상의 서비스를 제공해주게. 고맙네."

"제 배우자는 늘 제게 힘을 줘요."

"캐시는 정말 팀 꾸리는 능력이 뛰어난 것 같아."

어떤 사람에게 다른 사람에 대해 말할 때, 무슨 말을 해야 할지 잘 모르겠다면 일단 긍정적 이미지를 담은 칭찬을 활용하라. 이 작전은 절대 실패하지 않는다.

이런 칭찬을 진심을 담아 할 수 있다면 자기도 모르는 사이에 영향력이 강화될 것이다.

CHAPTER

28

반대할 기회만
엿보는가?

반대할 기회가 오면 절대 그냥 지나치지 못하는 사람들이 있다. 이들에게 페이스북, 트위터, 링크드인 등의 소셜미디어 사이트와 블로그 댓글은 반대 의견을 마음껏 표출할 수 있는 이상적인 공간이다.

댓글전쟁은 주로 이렇게 전개된다. 어느 날 한 이용자가 평범하고 원론적인 내용의 글을 올린다. '불필요한 두려움은 성공을 향해 내딛는 발걸음을 막을 수도 있다. 두려움을 극복하고 행동에 나서자.' 문맥 안에서 생각할 때에 이론의 여지가 없이 옳은 이야기다.

그런데 갑자기 한 사용자가 예외도 있을 수 있는 것 아니냐며 댓글을 단다. '하지만 그렇게 해서 목숨이 위험에 처하게 되는 상황이라면 어떻게 해야 하죠?'라고 말이다.

이렇게 시작된 댓글 전쟁에 갑론을박이 오가고, 결국 원래 글을 올린 사용자는 짜증을 내며 이런 댓글을 달게 된다. '머리가 없어요? 처음에 분명히 '불필요한' 두려움이라고 썼잖아요. 정말 할 일도 없는 사람이네!'

처음 댓글을 달았던 사용자는 물론 이 댓글에 동의하지 않을 것이다. 그러나 따지기 좋아하는 사람들이 흔히 그렇듯, 상대의 반응을 이끌어내 논쟁을 만들었다는 데에서 기이한 만족을 느낄 수도 있다.

이런 식의 논쟁은 주로 온라인에서 많이 발생하지만, 실생활에도 존재한다. 일대일로 만난 자리에서, 여럿이 모인 자리에서, 그리고 강연장에서도 마찬가지다.

그렇다고 다른 사람의 말에 질문하는 게 나쁘다는 뜻은 아니니 오해하지 말길 바란다. 어떤 매체를 이용하든 정중하고 진실한 대화를 나누면서 서로 배울 수 있다면 참으로 멋진 일일 것이다.

그러나 일반적으로 무리 없이 진실로 통하는 말에 꼬투리를 잡으며 꼬박꼬박 반대 의견을 내는 이를 좋아할 사람은 없다. 이런 행동을 하면 따지기 좋아하는 자만심 강한 사람이라는 인상을 준다. 반대 의견을 내어 관심을 끌 수 있을지는 몰라도 결코 영향력을 발휘할 수는 없다.

다시 한 번 강조하지만, 정중하게 이의를 제기하는 것이라면 전혀 문제 될 것이 없다. 만약 설득력 있는 정중한 이의를 제기하고 싶다면 아래의 방법들을 활용해보자.

1. 우선 생각하라. 반응이 아닌 대응을 해야 한다. 글을 작성하고 전송 버튼을 누르기 전, 상대에게 반대 의견을 말하기 전, 한 박자 쉬며 생각해보자. 이렇게 하면 불필요하고 비생산적인 행동을 피할 수 있을 것이다.

2. 상대의 의견에서 동의하는 부분을 찾아라. 지적하고 싶은 문제점이 있다면, 우선 상대에게 동의를 표하고서 이야기하는 것이 중요하다. 보편적인 원칙에도 예외는 존재하기 마련이지만, 그렇다고 꼭 그 예외를 지적해야 하는 것은 아니다. 예외를 지적함으로써 대화에 가치를 더할 수 있는지 생각해보고, 아니라면 접는 게 좋다.

3. 완곡하고 정중하게 표현하라. 만약 공개적으로 반대 의견을 개진해야 할 상황이라면 정중하고 완곡한 표현을 사용해야 한다. 이런 경우 '정말 좋은 생각 같습니다. 그런데 제가 생각하기에는…', 혹은 '혹시 실례가 안 된다면…' 같은 표현이 유용하다. 가능하다면 상대방에게 조용히 개인적으로 물어보는 것이 좋다. 공개적으로 물을 경우, 상대를 비난하거나 곤란하게 하려 한다는 오해를 받을 수 있기 때문이다.

4. 마지막 점검을 잊지 마라. 전송 버튼을 누르거나 상대에게 질문하기 전, 다시 한번 곰곰이 생각해보자. 진심으로 뭔가 가치를

더하고자 던지는 질문인가? 혹시 그저 관심을 끌고 논란을 만들어 만족감을 얻으려는 의도는 아닌가? 이러한 점검은 우리가 자만심을 충족할 목적으로 행동하는 것은 아닌지 판단하는 데 꼭 필요하다. 이렇듯 자존심이 우리를 지배하고 있는지, 우리가 자존심을 지배하고 있는지 늘 의식해야 한다.

만약 단지 자만심을 충족시키려고 상대의 의견에 반대하는 거라면, 이는 상대의 자존심에 상처를 주게 된다. 자존심에 상처를 입은 상대가 과연 우리의 의견을 받아들이고 설득될까? 오히려 그 반대일 것이다. 이는 모두에게 부정적인 결과를 초래한다.

온라인에서도 실생활에서도 상대에게 동의와 반대를 표하고 우리의 의견을 주장하는 데 효과적인 방법이 존재한다. 상대가 우리의 의견을 진지하게 받아들이기를 바라는가? 영향력을 키우고 싶은가? 그렇다면 타당한 이유가 있을 때에만 동의하고 반대하라.

물론 필자의 말에도 반대해도 좋다.

CHAPTER

29

평소 칭찬받지 못하는 사람을 칭찬하라

직장 상사에게는 깍듯하지만 웨이터에게는 무례하게 구는 사람은 못 믿을 사람이라는 말이 있다. 실제로 자신에게 중요하지 않은 상대를 대하는 태도를 보면 그 사람의 성품을 알 수 있다.

평소에 칭찬이나 존중, 혹은 인정조차 받지 못하는 사람들을 정중히 대하고 칭찬하면 엄청난 효과를 누릴 수 있다. 나중에 도움을 요청해야 할 상황이 오면 예외적인 방법을 동원해서라도 우리에게 도움을 주려 할 것이기 때문이다. 물론 이러한 것을 목적으로 사람들에게 잘 해주는 것은 곤란하지만, 어쨌든 우리의 정중한 행동은 종종 좋은 결과를 가져온다.

늘 다른 사람들에게 봉사하지만, 그에 마땅한 존경은 받지 못하는 이들에게 감사의 말을 전하는 것은 정말 멋진 일이다. 거리 청소부에서 공항 포터까지, 호텔 안내원에서부터 서비스직 직원에 이르기까지 이런 이들에게 당신은 어떻게 대하고 있는가? 팁을 주고 짤막하게 고맙다고 하는 것 외에도 제대로 된 존칭을 사용하는가? 친절한 마음으로 인사를 건네는가? 진심으로 이들이 중요한 역할을 하는 사람이라고 생각하는가? 그런 마음을 적극적으로 표현하는가?

우리의 칭찬은 그들의 자존감에 긍정적인 영향을 주어 든든한 아군으로 만든다. 이런 호의가 언젠가 큰 도움이 될지도 모르는 일이다.

물론 이런 호의를 목적으로 이들에게 친절하게 대해서는 안 된다. 사실 우리의 가치 체계에서 타인을 존중하는 것은 바람직하고 당연히 해야 하는 일인데도 이렇게 행동했을 때에 얻을 수 있는 결과가 실로 엄청나다. 이렇듯 타인을 진심으로 칭찬하고 존경하는 사람은 큰 보답을 받게 되어 있다.

물론 간접적인 보상도 있을 수 있다. 우리와 사업을 하거나 친분을 쌓으려는 사람들은 우리가 다른 사람들에게 어떻게 대하는지 유심히 살펴보기 마련이다. 예를 들어 한 기업은 지원자들이 정식 면접에 들어오기 전, 안내 데스크에서부터 그들을 관찰한다. 사람들은 보는 눈이 없다고 생각할 때에는 평소대로 행동하기 마련이다. 면접관들은 지원자들이 굳이 친절하게 대하지 않아도 되는 상대, 즉 안내 데스크 직원이나 대기실에 있는 다른 지원자들에게 어떻게 대하는지 관찰하는 것이다.

지금까지 이런저런 좋은 점을 늘어놓았지만, 사실 감사의 말을 잘 듣지 못하는 사람들에게 친절하게 대해서 얻을 수 있는 가장 소중한 것은 상대의 행복이다. 그것이면 충분하지 않을까?

CHAPTER

30

잘한 일은
반드시 칭찬하라

케네스 블랜차드(Kenneth Blanchard)와 스펜서 존슨(Spencer Johnson)
의 고전《1분 경영(The One Minute Manager)》을 기억하는가? 그 책
의 저자들이 주는 가장 핵심적인 조언은 바로 "사람들이 옳은 일
을 하는 순간을 잡아내라"는 것이다.

그렇다고 해서 일을 잘못하고 있는데도 외면하고 모르는 척하
라는 뜻은 아니다. 앞서 언급했듯이 상황에 따라서 필요하다면
완곡한 표현과 공감을 활용하여 상대를 바로잡아줄 수도 있다.
마크 샌번(Mark Sanborn)은 자신의 책《프레드 2.0(Fred 2.0)》에서
이런 의문을 제기한다. "업무를 성공적으로 처리했을 때보다 망쳤
을 때에 더 많은 주목을 받는다는 것은 큰 아이러니다. 이런 구조
는 결국 문제는 더 크게 키우고 일 잘하는 사람의 씨를 말린다."
실제로 우리는 일을 제대로 하는 사람들에게는 별 관심을 기울이

지 않는다. 문제가 될 만한 부분이 없다는 이유에서다.

옳은 일을 하고 업무를 제대로 처리하는 사람을 보면 반드시 그 자리에서 칭찬하고, 필요하다면 다른 사람들에게도 널리 알려야 한다. 이는 일터에서도 가정에서도 반드시 필요한 일이다.

예를 들어 매장에서 한 점원이 인내심과 공감을 발휘하여 고객을 잘 응대했다면, 상사는 업무를 잘 처리하는 모습에 깊은 인상을 받았다고 반드시 칭찬해줘야 한다. 만약 주변에 다른 사람들이 있다면 이들도 들을 수 있도록 커다란 목소리로 칭찬하는 것이다.

아이들의 경우도 마찬가지다. 아이가 옳은 일을 하는 것을 보았다면 반드시 칭찬해주어야 한다.

'인간은 보상받은 행동을 반복하게 된다'는 말이 있다. 이는 긍정적인 행동과 부정적인 행동 모두 해당되는 말이다.

최고의 영향력을 얻으려면 상대가 좋은 행동을 했을 때 충분히 보상하여 이들이 진심으로 자신을 자랑스럽게 여기도록 해야 한다. 상대의 능력을 미리 칭찬해도 무방하다. 이는 상대에게 달성하고 싶은 이상적인 목표가 되어줄 것이다.

31

"덕분에 감사합니다!"

지금까지 칭찬과 감사의 말이 얼마나 큰 영향력을 발휘하는지 함께 살펴보았다.

물건을 구매하거나 일을 미쳤을 때는 단순히 "감사합니다"라고 말하기보다는 일이 잘 풀린 것은 상대 덕분이며, 이에 감사하고 있다는 점을 분명히 알리는 편이 좋다.

이럴 때는 진심 어린 미소를 지으며 "덕분에 감사합니다"라고 말해보자.

작은 차이지만 단순히 감사 인사만 하는 이들과는 다른 접근인 만큼 확실한 차별화 요소가 되어 깊은 인상을 남길 수 있다.

감사 인사를 들은 사람들은 앞으로 우리의 일을 돕는 데에 최선을 다할 것이다. 이 인사말을 몇 번만 사용해보면 상대가 보이는 놀란 표정과 기쁜 얼굴에 깜짝 놀랄 것이다. 몇 번 하다 보면 새로운 인사말이 습관이 될 수 있다.

이 기회를 빌려 시간을 내 이 책을 읽고 계신 독자 여러분께도 감사인사를 드리고자 한다.

"덕분에 감사합니다!"

PART 5

적절한 프레임을
설정하라

—

프레임만 잘 설정하면
윈-윈 전략의 80퍼센트를 이룬 것이다

가장 효율적인 전략은
갈등을 전적으로 무력화하는 것이다.

|

토마스 클리어리(Thomas Cleary), 〈손자병법〉 영어판 서문

두 살배기 아이가 넘어진다. 다치지는 않았지만 갑자기 벌어진 상황에 어리둥절한 아이는 엄마와 아빠를 보며 답을 구한다. 그 순간 부모가 별일 아니라는 듯 웃어주면 아이는 따라 웃을 것이다. 그러나 당황하고 속상해하면 아이는 울음을 터뜨릴 것이다. 위의 상황에서 부모는 자신들도 모르게 상황을 각각 다르게 해석하여 프레임을 설정했고, 그 결과 또한 다르게 나타났다.

사실 프레임에 의해 결과가 달라지는 것은 어른들도 마찬가지다. 기회가 된다면 맞은편에서 걸어오는 행인에게 작은 실험을 해보자. 우리가 상대를 보고 웃는다면 (즉, 친근한 프레임을 설정한다면), 상대 또한 미소를 지을 것이다. 인사를 건네면 똑같이 인사를 할 것이다. 그 반대의 경우도 마찬가지다. 요컨대 우리는 자신의 행동을 통하여 상대방의 반응에 영향을 줄 수 있다.

필자는 이것을 '프레임 설정'이라고 부른다.

2부 앞부분에서 소개했던 주차장 이야기를 기억하는가? 급하게 주차하려다 옆 차에서 나오던 운전자를 칠 뻔한 이야기 말이다. 그 일화는 늘 감정을 다스릴 줄 알아야 한다는 교훈을 주면서 동시에 적절한 프레임 설정의 중요성을 보여준다. 필자는 당시 상대방과의 프레임을 재설정함으로써 긍정적인 결과를 이끌어낼 수 있었다. 상대 운전자가 처음에 설정한 프레임은 분노 프레임이었지만, 필자는 재빨리 친근한 사과 프레임을 설정했다. 이 작은 행동으로 상대의 태도는 그야말로 180도 변했다. 만약 상대의 분노 프레임에 빨려 들어가서 똑같이 반응했다면 사태는 험악해졌을지도 모른다.

위의 사례가 보여주듯, 상대는 십중팔구 우리가 설정하는 프레임을 따르게 되어 있다. 늘 아래 문장을 명심하자.

타인과 교류할 때는 어떤 상황이든 프레임이 설정되기 마련이다. 중요한 것은 이 프레임을 설정하는 주체다. 우리가 설정할 것인가, 상대가 설정하게 둘 것인가? 프레임은 항상 우리가 설정해야 한다.

상대방은 프레임의 개념조차 인지하지 못할 가능성이 크다. 그러므로 긍정적인 결과를 이끌어내려면 우리가 주도적으로 프레임을 설정해야 한다.

우리에게는 긍정적인 프레임을 설정할 능력이 있다. 긍정적인 프레임을 설정하면 상대는 스스로에 대해서도, 우리에 대해서도 좋은 감정을 품게 된다. 이는 개인적인 상황이든 사업 상황이든 마찬가지다. 하지만 프레임 설정이라는 것에 익숙하지 않다면 처음에는 시간이 걸릴 수도 있다. 이 때문에 많은 이들이 프레임 설정을 게을리한다. 그런 만큼 프레임을 활용할 수 있는 이들은 확실한 이점을 가지게 된다. 적절한 프레임에는 그만한 가치가 있다.

유쾌한 표정으로 진심 어린 미소를 지으며 상대에게 친근한 인사를 건네어보자. 상대 또한 우리의 태도에 긍정적인 반응을 보이리라 생각하면서 말이다. 그러면 상대는 거의 반드시 화답해올 것이다. 상대가 어떤 반응을 보이느냐는 우리에게 달렸다. 최고의 영향력을 갖춘 대인관계 기술의 달인은 상대가 프레임을 설정할 때까지 기다리지 않고 늘 앞장서서 생산적인 프레임을 설정한다.

그렇다면 상대가 먼저 프레임을 설정한 경우에는 어떻게 해야 할까? 즉, 좋게 넘어가 주지는 않겠다는 마음가짐으로 우리를 대한다면 어떻게 해야 하는 걸까?

이런 경우에는 필자의 주차장 일화가 보여주듯 우리만의 프레임을 설정함으로써 상대의 프레임도 재설정할 수 있다.

4부를 시작하며 인용한 토마스 클리어리의 말은 손자병법의 "싸우지 않고 이기는 것이 최선의 방법이다"라는 말을 응용한 것이다.

이 말을 최고의 영향력과 갈등 해결에 응용한다면 아마 이렇게 말할 수 있을 것이다.

갈등을 만들지 않고 영향력을 행사하는 것이 최선의 방법이다.

다시 말해, 적을 협력자로 바꾸는 최선의 방법은 애초에 상대를 적으로 만들지 않는 것이라는 말이다.

바로 이것이 적절한 프레임 설정이 중요한 이유다. 이미 상대가 자신만의 프레임을 설정했다면 우리는 그 프레임을 재설정해야 한다.

프레임의 설정과 재설정, 그리고 프레임의 통제. 이것이 우리가 4부에서 집중적으로 살펴볼 내용이다.

적절한 프레임을 설정하는 방법만 익힐 수 있다면 윈-윈 전략의 80퍼센트를 이룬 것이나 다름없다.

CHAPTER

32

확신을 가지면
실제로 이루어진다

살다 보면 쉽지 않은 상황과 마주칠 때가 많다. 깐깐하기로 소문
난 잠재 고객에게 제품 설명을 해야 하는 상황을 떠올려보자. 쌀
쌀맞은 표정의 서비스 직원에게 영수증도 없는 제품을 교환해달
라고 찾아가는 상황은 어떤가? 일을 미루곤 하는 거래처에 급한
발주를 넣는 것도 쉬운 일은 아니다.

우리가 만나는 모든 사람이 미소를 띠고 협조적인 자세로 나온
다면 좋겠지만, 세상에는 그렇지 않은 사람이 더 많다.

상대에게서 우리가 원하는 반응을 이끌어내고 싶다면, 상대가
그렇게 행동하리라는 긍정적인 기대를 가지고 행동해야 한다.
우리의 바람대로 움직일 것이라는 확신을 가지면 실제로 이루어
진다.

이렇게 말하면 혹자는 필자를 정신 나간 사람으로 취급할 것

이다. 말도 안 되는 주장을 한다고 손가락질할 수도 있다. 그러나 필자의 말은 바란다고 무조건 이루어진다는 뜻이 아니다.

상대에 대한 긍정적인 기대는 상대가 아닌 우리를 변화시킨다. 그리고 우리의 변화가 곧 상대의 변화로 이어진다.

설명하자면 이렇다. 긍정적인 태도로 우리를 도와줄 것이라는 확신을 가지고 상대를 대하면, 상대를 대하는 우리의 태도 또한 그렇게 변한다. 즉 우리가 변화하는 것이다. 우리의 변화는 곧바로 상대의 변화로 이어진다. 상대는 원래의 태도를 버리고 함께 해결책을 찾아보려는 태도를 보이게 된다.

왜일까? 우리가 상대의 친절에 대한 감사의 마음을 미리 표하면, 상대는 그 기대에 부응하기 위하여 태도를 바꾸게 되기 때문이다.

그러므로 문제에 부딪혔을 때에 적절한 해결책을 찾을 수 있는 상대의 능력에 미리 감사와 존경을 표하면, 상대는 우리의 평가에 힘을 받아 더욱 적극적으로 일을 해결하려 할 것이다. 상대방의 숨겨진 능력을 정확히 꿰뚫어보고 그 능력을 이끌어낼 수 있게 되는 것이다.

모든 것은 양방향이다

다음의 상황을 읽어 보고 상반된 두 개의 접근법이 각각 어떤 결과로 이어지는지 살펴보자.

시청의 담당 공무원이 당신에게 면담요청을 해왔다. 그 공무원은 워낙 까다롭기로 소문이 자자하고, 이런저런 규정을 들어 지원 요청을 묵살하기로 유명한 사람이다. 한바탕 설전이 벌어질 것을 예상한 당신은 경계태세를 강화하고 회의실에 들어선다. 어찌어찌 상대를 불쾌하게 노려보는 건 피했지만, 얼굴이 굳는 것은 어쩔 수가 없다. 당신의 심각한 표정을 본 상대 역시 심각한 태도를 보인다.

만약 당신이 활짝 웃으며 들어가 정중하게 인사를 건넸다면 어땠을까? 상대가 적극적으로 협조해주리라는 기대와 확신을 갖고 대하면서 에너지를 전달했다면?

여러분이 보기에는 둘 중 어떤 접근법이 적을 협력자로 바꿀 수 있을 것 같은가? 상대를 설득하고 영향력을 행사하는 데 둘 중 어떤 프레임이 더 적합해 보이는가?

답은 뻔하다. 긍정적 기대는 시기와 상황, 상대를 막론하고 항상 놀라운 효과를 발휘한다.

믿기 어렵다고 일축하기 전에 단 몇 번이라도 좋으니 진심으로 긍정적인 기대를 품고 행동해보자. 그 놀라운 변화를 경험하고 나면 다루기 어려운 상대에 대한 접근법 자체를 완전히 바꾸게 될 것이다. 더 중요한 것은 결과의 변화다. 긍정적 기대는 그간 볼 수 없었던 결과를 이끌어내는데, 그 결과 우리 행동은 더욱 생산적으로 바뀌고 삶의 스트레스도 줄어든다.

긍정적 기대는 영향력과 설득력을 키우기 위한 가장 강력한 도구 중 하나다. 자연스러운 습관으로 자리 잡을 때까지 꾸준히 연습하도록 하자.

이를 적절히 활용할 수 있다면 일생 동안 많은 보상을 받게 될 것이다. 이는 우리 자신에게는 물론, 그 효과를 목격하는 주변 사람들에게도 끊임없는 놀라움을 선사할 것이다.

저항할 수 없는 '미소'의 힘

호의를 부르는 미소의 힘은 앞선 예시에서 이미 충분히 느꼈으리라 생각한다. 물론 미소가 만병통치약은 아니지만, 대인관계에서의 어려움을 극복하는 데에 미소만큼 강력한 무기는 없다. 여기서 미소란 마음에서 우러나온 정말 진심 어린 따뜻한 미소를 말한다.

거래나 대화를 시작하기 전 상대에게 미소를 보내자. 이렇게 하면 시작점에서부터 서로에게 호의적인 프레임을 설정할 수 있다.

개인적인 인간관계나 사업상의 갈등 또한 평화롭게 해결할 수 있다. 이때 필요한 것이 상대방이 원하는 바에 대한 진심 어린 관심과 따뜻한 미소다. 하지만 미소가 가진 힘에 비해 이를 잘 활용하는 사람은 드물다. 이러한 이유로 미소를 활용하는 사람이 유리한 위치를 점할 수 있는 것이다.

만약 어느 직원에게 불만 사항이 있어서 그 직원의 상사에게 상황을 알려야 한다면 미소를 잊지 마라. 미소는 상대방의 방어 벽을 낮춰서 서로가 윈-윈하는 긍정적인 결과를 논의할 수 있는 프레임을 형성해준다.

또한 미소는 다른 사람들과 우리를 차별화한다. 불만 사항이 있을 때에는 대부분의 사람들이 미소를 짓기보다는 방어적이고 화난 태도를 보이기 때문이다.

대니얼 골먼은 자신의 저서 《감성지능으로 일하기(Working with Emotional Intelligence)》에서 이렇게 말했다. "미소는 가장 전염성 있는 감정 신호다. 미소에는 상대방을 웃게 하는 저항할 수 없는 힘이 있다."

어떤가? 미소의 힘이 정말 강력하지 않은가?

대니얼 골먼의 말은 그야말로 진리라 할 수 있다. 실제로 대인 관계 관련 서적 중 미소의 힘이 언급되지 않은 책은 찾아보기 어렵다. 데일 카네기 또한 《카네기 인간관계론》에서 진심 어린 미소의 강력한 영향력을 소개하는 데에 상당 부분을 할애했다.

방법은 연습뿐이다

다행스럽게도 효과적인 미소를 배우는 일은 어렵지 않다. 미소를 짓기 전에 우리가 좋아하는 것, 우리에게 기쁨을 가져다주는 것을 잠시 떠올리면 충분하다. 몇 번의 연습을 거치고 나면 자연스럽게 미소 짓게 될 것이다.

사람들은 대부분 특별한 이유가 있을 때에만 웃지만, 그렇다고 우리까지 그래야 한다는 법은 없다. 서비스직 직원, 정부 공무원, 상사, 식당 직원, 배우자, 자녀 등 모든 사람을 대하기 전에 미소를 지어보자. 상대도 우리에게 호감을 보이며 함께 미소 지을 것이다. 늘 기억하라.

미소는 좋은 프레임을 설정하는 궁극의 도구다.

이 가르침을 일상생활에 적용해보면 상대가 보이는 친절과 호의에 기분 좋은 놀라움을 느낄 수 있을 것이다. 그만큼 우리의 미소는 상대에게 긍정적인 영향을 준다.

33

영향력을 높이려면
상대에게 초점을 맞춰라

영향력은 상대방을 처음 만나는 그 순간부터 발휘되기 시작한다. 그래서 사람들은 잠재적인 고객이나 앞으로 고객을 소개해줄 수 있는 사람을 만날 때, 혹은 회사 동료나 개인적으로 아는 사람을 만날 때에 강렬한 인상을 남겨야 한다고 생각한다. 열변을 토하며 자기소개를 하고 사업을 알려야 한다고 말이다. 그런데 과연 이런 접근법이 영향력을 높여줄까?

사실 그렇지 않다. 영향력을 높일 수 있는 프레임을 설정하려면 그 반대로 행동해야 한다.

바로 우리 자신이 아닌 상대에게 초점을 맞추는 것이다. 대화의 99.9퍼센트는 상대와 그들의 사업, 가족, 관심사 등에 대한 질문에 투자하는 것이 좋다.

진심 어린 관심만큼 상대를 기분 좋게 하는 것도 없다. 이렇게 기분이 좋아진 상대는 우리에 대해 더 알고 싶어 한다. 즉 우리에게 호의와 신뢰를 보일 준비가 된 것이다.

혹시 늘 경청하는 태도로 우리가 한마디라도 더 할 수 있게 배려하는 사람을 만나본 적이 있는가? 헤어지고 나서, 대화에 정말 능한 사람이라는 생각이 들지 않았는가? 아마 대화가 끝날 즈음에는 상대에 대해 좋은 인상을 느끼게 되었을 것이다.

상대에게 적절한 질문 몇 가지만 던지면 우리도 그런 사람이 될 수 있다. 물론 아무 질문이나 던져서는 곤란하다. 대화를 좋은 방향으로 이끌어가려면 상대가 자부심을 느낄만한 질문을 던져야 한다. 우선 상대에게 아래의 두 가지 질문을 던져보자. 분위기는 눈 깜짝할 사이에 긍정적으로 변할 것이다.

1. 지금 하시는 일은 어떻게 시작하게 된 건가요?

   유명인이 아니고서야 자신의 이야기를 들려줄 기회가 많지는 않다. 상대에게 이 질문을 던지는 순간 우리는 대부분의 사람들과 우리를 차별화할 수 있다.

2. 지금 하시는 일에서 가장 즐거운 점은 무엇인가요?

   이 또한 사람들이 자주 묻지 않는 질문 중 하나다. 질문의 내용이 긍정적이므로 상대의 긍정적인 답변을 이끌어낼 수 있다는 장점이 있다.

가장 중요한 한 가지 질문

아래와 같은 의미의 다양한 질문은 상대의 기분을 좋게 만들 수 있는 핵심적인 질문이다.

"당신에게 도움이 될 수 있는 사람은 어떤 사람들인가요? 제가 아는 사람 중에 그런 분이 있다면 소개해 드리고 싶어서요."

이 질문은 상대의 인생에 가치를 더해주고자 하는 우리의 의지를 완벽하게 보여준다.

그 외에 가족이나 여가, 혹은 다른 관심사에 대한 질문을 던지는 것도 좋다. 혹시 특별한 신념이나 사회 운동에 관심이 있는 사람이라면 이런 질문을 두 팔 벌려 환영할 것이다.

한 번은 어느 기업의 CEO와 대화하던 도중 그의 딸이 막 대학을 졸업했다는 것을 알게 되었다. 필자는 딸의 관심 직종을 물은 후, 괜찮다면 도움이 될 만한 사람들을 몇 명 소개해주고 싶다고 말했다. 그 CEO는 매우 기뻐하며 딸에 대한 이야기를 이어갔다. 필자는 마음속으로 도움이 될 만한 사람을 몇 명 선별하여 추천해주었고, 결국 CEO의 딸은 필자가 소개해 준 사람의 밑에서 인턴 경험을 쌓을 수 있었다.

이 일은 필자를 포함한 모두에게 긍정적인 결과를 가져다주었다. 중요한 것은 필자가 좋은 결과를 내는 것 그 자체에 집착하지 않았다는 점이다. 긍정적인 영향력은 자연스럽게 좋은 결과를 이끌어낸다. 그리고 영향력이라는 것은 상대의 필요와 요구에 집중함으로써 얻을 수 있다.

34

가끔은 쩔쩔매는 모습을
보이는 것도 괜찮다

필자가 초등학교 4학년이 되었을 때, 개학 첫날 우리 반의 담임을 맡은 캐들릭 선생님이 자기소개를 시작했다. 당시 스물세 살이었던 선생님은 아름답고 우아했으며, 성품이 그대로 드러난 듯한 따뜻한 미소를 지닌 분이었다.

필자는 당시에 선생님이 하셨던 말씀에서 절대 잊을 수 없는 교훈을 얻었다.

선생님은 자신을 소개하며 이렇게 말씀하셨다.

"여러분, 사실 선생님도 이제 막 대학을 졸업하고 처음으로 담임을 맡게 되어서 많이 긴장되고 떨려요."

그 순간, 교실은 바늘 떨어지는 소리도 들릴 만큼 조용해졌다. 반 친구들은 아마 모두 이런 생각을 했을 것이다. '뭐라고? 선생

님이 긴장했다고? 선생님인데 왜 긴장을 하지?'

돌이켜 생각해보면 캐들릭 선생님은 적을 협력자로 바꾸는 방법을 직관적으로 알고 계셨던 것이 분명하다. 선생님의 접근법은 두려움이나 어려움이 느껴지는 상황에서 충분히 활용할 수 있다.

선생님은 자신의 두려움을 인정했고, 학생들을 신뢰하며 그 두려움을 밝혔다. 그렇게 함으로써 학생들을 어려운 상황을 함께 헤쳐나갈 파트너로 만들었던 것이다.

학생들 또한 긍정적으로 반응했다. 물론 선생님이 우리 앞에서 긴장하는 이유를 도통 이해할 수가 없었지만, 모두가 선생님의 편에 서서 어려움을 극복할 수 있도록 최선을 다해 도왔다.

사람들은 사업에서건 대인관계에서건 경계를 풀고 자신의 두려움을 인정하는 것을 꺼린다. 그렇게 하면 우리의 약점을 알게 된 상대가 달려들어 물어뜯기라도 할 것처럼 말이다.

혹시 "쩔쩔매며 땀 흘리는 모습, 들키지 마세요!"라는 데오드란트(체취 제거제-옮긴이) 광고를 기억하는가? 이 광고는 마치 우리가 상대 앞에서 침착하고 냉철한 모습을 보이지 못하면 상대가 우리를 덜 존경하고, 깔아뭉개고, 이용할 것이라고 말하는 듯하다.

그러나 필자의 생각은 다르다. 대부분의 사람들은 우리가 두려움을 솔직하게 인정하면 오히려 긴장을 풀어주려 애쓴다. 무의식중에 우리를 응원하거나, 적극적으로 나서서 도우려는 사람도 있다. 물론 모든 상황이 그렇게 돌아가는 것은 아니므로 이러한 내용을 기억해두었다가 상황에 따라 적절히 판단하여 적용하자.

가끔은 절대로 그런 모습을 보여서는 안 되는 상황도 있으니 말이다.

인간이라면 누구나 어려움과 두려움을 느끼기 마련이며, 사람들은 상대의 그런 모습에 공감을 느낀다. 반면 언제나 자신만만한 사람은 멋져 보이기는 하지만, 같은 '인간'으로서의 공감을 사지 못하는 경우가 많다.

와튼 스쿨의 교수이자 《기브 앤 테이크(Give and Take)》의 저자인 애덤 그랜트(Adam Grant)는 이를 '힘을 뺀 의사소통'이라고 부른다. 이는 약점을 솔직하게 밝혀 자신을 낮춤으로써 상대의 신뢰와 인정을 얻는 의사소통 방법이다. (그랜트 교수는 이렇게 덧붙인다. "그러나 약한 모습은 우선 강점을 확실히 보여주고 노출할 때에만 효과적이다." 캐들릭 선생님의 경우처럼 말이다.)

필자가 보기에 힘을 뺀 의사소통은 사실 자신의 가치를 더욱 높일 수 있는 궁극의 의사소통 방법이다.

물론 자신감, 철저한 준비, 업무적 탁월함은 영향력을 키우는 데 꼭 필요한 요소다. 그러나 어떤 이유에서든 갑자기 두려움이 느껴지거나 자신감이 사라진다면, 자신을 있는 그대로 인정하는 것으로도 승자가 될 수 있다.

가끔은 쩔쩔매며 땀 흘리는 모습을 들켜도 괜찮다는 얘기다.

35

먼저 공감대를 형성한 후
주장하라

토론에서 상대를 설득하고 싶다면 우선 상대의 의견 중 우리가
공감하는 내용을 언급해야 한다. 이렇게 하면 상대는 우리가 그
저 반대를 위한 반대를 하는 것이 아님을 알게 된다.

그뿐만 아니라 우리가 토론을 벌이고는 있지만 결국 같은 것을
원한다는 사실을 이해하게 된다. 그저 과정에 대한 관점 차이가
있을 뿐 원하는 결과는 같다고 말이다. 이렇게 상대가 우리의 의
견을 조금 더 긍정적으로 바라보게 되면 그때부터 토론은 갈등이
아닌 협력의 장이 된다.

이 시점부터 다시 우리의 주장으로 선회하여 상대를 설득할
수 있다. 이미 상대방의 의견에 공감을 표했고, 이를 바탕으로 우
리의 의견을 주장하는 것이므로 상대는 열린 마음으로 우리의
의견을 들을 것이다. 이것이 바로 레이 랜스버거(Ray Ransberger)

와 마샬 프리츠(Marshall Fritz)가 개발한 랜스버거식 선회 토론법(Ransberger Pivot)이다.

정치는 늘 격렬한 토론을 유발하는 분야 중 하나다. 여기서는 언제나 의견이 분분한 퇴직연금에 대한 토론을 예로 들어 랜스버거식 토론법의 활용방법을 더욱 자세히 살펴보자.

당신은 성인이라면 자신의 연금을 스스로 운용해야 한다고 믿는다. 그러나 당신의 친구는 그런 역할은 정부가 맡아야 하는 것이며, 현재의 사회보장제도 아래에서 더욱 효율적으로 관리할 수 있다고 믿는다. 당신의 의견을 들은 친구는 "정말 인정머리가 없다"며, 연금 운용을 개인의 손에 맡길 경우 투자에 실패하여 노후를 책임지지 못 하는 사람들이 수도 없이 생길 것이라고 주장했다.

친구는 실제 사안에 대하여 지적하기보다는 당신 개인을 비난하며 대립의 프레임을 설정한 것이다. 자존심에 상처를 입은 당신은 평소보다 언성을 높여 이렇게 말한다. "지금의 사회보장제도가 돌려막기 식의 폰지 사기(Ponzi Scheme)˙보다 나은 게 뭐야? 시민들의 은퇴 자금을 갈취할 뿐 아니라 빈곤층에게도 치명적이고, 기금도 이미 파산이나 마찬가지야. 무엇보다 헌법에도 위배 된다고!"

˙ 찰스 폰지(Charles Ponzi)가 1920년대 미국 플로리다에서 일으킨 사기극에서 유래한 다단계 금융 사기로, 전문용어로는 '폰지 게임'이라 한다. 뒤에 투자한 사람의 투자금으로 앞에 투자한 사람에게 이익금을 주고, 자신이 일부를 착복하는 금융 사기 수법을 뜻한다.

과연 이런 식의 토론을 한다고 친구를 설득할 수 있을까? 아마 불가능할 것이다. 당신은 친구가 틀렸다는 말만 반복하고 있고, 친구는 당신의 말에 관심이 없다. 사람을 설득하는 것은 '사실'이 아닌 '사람'이다.

그럼 이제 방법을 바꿔보자. 이번에는 침착하고 정중한 목소리로 친구의 말에서 공감하는 내용부터 언급하며 말문을 연다. "존, 네 생각도 일리 있는 것 같아. 특히 노후에 가난으로 고통받거나 가족과 사회의 짐이 되는 일이 발생해서는 안 된다는 점에는 전적으로 동의해."

존이 원하는 것도 바로 이것이다. 이제 존은 당신과 자신이 같은 것을 원한다는 사실을 깨달았으므로 당신이 생각하는 최선의 방법이 무엇인지 알고 싶어 할 것이다. 자신과 다른 의견에 화를 내기는커녕, 당신에게 이런 질문을 던질지도 모른다. "그래, 맞는 말이야. 하지만 무작정 없애면 이미 수년간 연금을 납부한 사람들이 손해를 보게 돼. 그걸 막으려면 어떻게 해야 한다고 생각해?"

객관적 사실은 프레임 설정 후 제시하라

만약 당신의 의견을 뒷받침할 객관적인 근거가 있다면 바로 이 시점에 제시하면 된다. 물론 이때에도 침착하고 정중한 방식으로 접근하는 것이 좋다. 당신의 이야기를 들은 친구는 마음을 바꿀 수도 있고, 그러지 않을 수도 있다. 이는 철저히 그 친구의 선택이고 권리다. 어쨌든 친구가 당신의 의견에 관심을 보이고 귀를 기울인 것 자체만으로도 크나큰 발전이다. 만약 랜스버거식 토론법을 활용하여 공감대를 형성하지 않았다면 이조차도 불가능했을 것이다.

이렇듯 토론을 시작할 때에는 항상 우리가 상대방과 같은 결론을 원하고 있다는 것을 먼저 알려 공감대를 형성한 후 다시 우리의 주장으로 선회하도록 하자. 상대는 우리가 곧바로 반대 의견을 개진하리라 생각하기 때문에 허를 찔릴 수밖에 없다. 공통점을 발견한 상대는 방어적인 태도를 버리고 우리가 제시하는 대안에 더욱 열린 태도를 보일 것이다.

앞서 소개한 예시에서 "네 생각도 일리 있는 것 같아"라는 말로 문장의 도입부를 연 것에 주목하자. 이러한 표현은 두 의견 사이를 이어주는 다리 역할을 해서 우리가 다시 자신의 의견으로 선회할 때에 그 효과를 높여준다. "네 의견에 동의해", "그 부분에 대해서는 전적으로 동의해", "그 문제에 대해서는 나도 같은 생각이야" 등의 표현 또한 유용하게 사용할 수 있다.

랜스버거식 토론법은 정치 토론뿐 아니라 다른 사안에서도 효과를 발휘한다. 우선 상대와 우리는 궁극적으로 같은 목적을 공유한다는 점을 상기시키고, 그다음 우리의 주장을 뒷받침할 근거를 정중한 방식으로 제시하는 것이다.

이 기술을 완벽하게 습득할 수만 있다면, 당신의 영향력 지수(IQ: Influence Quotient)는 상승할 것이다.

중요한 건 내가 아닌
상대방이다

어느 일요일, 필자는 동네에 있는 던킨도너츠 매장에서 커피 두 잔에 도넛 두 개를 먹으며 세 시간 정도 독서를 즐기고 있었다(물론 동네 주민들과 가벼운 수다도 즐기고 말이다).

사실 그 매장은 바로 전날 개업한 새로운 매장이었다. 개업일에는 유명인도 오고 기념품을 나눠주는 행사도 열렸는데, 그 기념품 중 하나가 텀블러였다.

그런데 개업식에 썼던 텀블러가 많이 남았는지, 매장 직원들은 손님들에게 선착순으로 이를 나눠주기로 했다. 그때 매장의 부점장인 젊은 여성은 텀블러를 나눠주며 손님들에게 이렇게 말했다. "어제 행사 때문에 준비한 건데 남아서 무료로 드리고 있어요."

필자는 무척 안타까웠다. 의도는 좋았으나 손님들의 호감을 사는 데에는 전혀 효과가 없었기 때문이다.

이유가 무엇일까? 그 직원은 매장의 입장에서만 말했을 뿐 손님들의 입장에서 어떻게 받아들일지는 생각하지 못했다. 그녀가 한 말은 "사실 어제 다 처분하고 싶었는데 남아버려서 어쩔 수 없이 드려요"라는 말과 다를 게 없었다.

대신 이렇게 말했다면 어땠을까? "저희 고객이 되어주셔서 정말 감사합니다. 감사의 표시로 이 텀블러를 드리고 있어요. 이제 늘 뜨거운 커피를 즐기면서도 흘릴 걱정은 없겠죠?" 그랬다면 많은 손님의 호감을 살 수 있었을 것이다. 거기에 따뜻한 미소까지 곁들였다면 대성공을 거둘 수 있지 않았을까?

물론 직원이 어떤 식으로 말했든 텀블러 자체의 실제 가치는 변하지 않는다. 그러나 언어의 전달 방식에 따라 텀블러의 인지적 가치는 충분히 감소하거나 증가할 수 있다.

아래의 문장을 늘 기억하자.

"중요한 건 내가 아닌 상대방이다."

개인적인 인간관계에서도, 사업 관계에서도 늘 이 말을 마음에 품고 행동해야 한다. 상대방은 우리가 받는 영향에는 관심이 없다. 그들에게 중요한 것은 자신이 받는 영향이다. 그러므로 영향력과 설득력을 높이고 싶다면 늘 이 법칙을 이해하고, 기억하고, 의사소통에 활용하라.

"제가 어떻게 도우면 될까요?"

"제가 어떻게 도우면 될까요?"

교육 전문가인 조니 알트슐러는 격분한 학부모와 면담에 들어가기 전, 늘 이렇게 말문을 연다.

그녀가 일하는 곳의 환경은 절대 만만치 않다. 문제아가 많은 학교에서 근무하다 보니 화난 부모들과 마주치는 일도 많은 편이다. 물론 정당한 이유가 있어서 화를 낼 때도 있지만 그렇지 않은 경우도 많다.

그렇기 때문에 조니에게 적절한 프레임 설정은 매우 중요하다. 부모들이 이미 설정한 부정적인 프레임을 재조정하는 것도 그녀의 몫이다.

그녀는 이렇게 말한다. "사실 학부모님 중에는 제가 방어적인 자세로 나올 거라고 짐작하시는 분들이 많아요. 아마도 지금까지 그런 사람들만 만났기 때문이겠죠."

조니의 말은 많은 것을 시사하는데, 먼저 갈등 상황에서 방어적으로만 반응하는 사람이 많다는 슬픈 사실을 보여준다. 그리고 한편으로는 간단한 방법만으로 그런 사람들과 우리를 차별화할 수 있음을 보여준다.

그녀는 이렇게 덧붙였다. "그래서 저는 학부모 상담이 있을 때 항상 친근할 말투로 공감을 표시하면서 '제가 어떻게 도우면 될까요?'라고 물어요. 함께 힘을 합쳐서 모두에게, 특히 아이들에게 도움을 줄 방법을 찾자는 거죠."

그야말로 탁월한 프레임 재설정 능력이다.

조니의 방법은 잘 알려진 협상 전략에서도 활용된다. 이 전략에서 협상자는 다루기 어려운 상대와 협상을 할 때 "당신이 이 논의를 통하여 원하는 결과는 무엇입니까?"라고 묻는다.

이때 협상자의 침착하고 차분한 태도는 상대방을 진정시키고, 상대가 감정적으로 굴거나 화를 내더라도 흔들리지 않겠다는 의지를 보여준다. 또한 상대가 원하는 결과를 물음으로써 함께 노력한다면 서로 만족스러운 결과를 얻을 수 있다는 점을 알려준다.

인질 협상 전문가들도 이러한 기술을 활용한다. 협상가들은 확성기나 전화기를 통하여 인질범에게 직접적으로 "지금 원하는 게 무엇입니까?" 혹은 "얻으려고 하는 게 뭡니까?"라고 묻는다.

다루기 어려운 상대에게 영향을 주고 싶다면 우선 감정을 다스리고 침착하고 차분한 태도로 "제가 어떻게 도우면 될까요?"라고 묻자. 이 간단한 질문 하나로 적절한 프레임을 설정할 수 있으며, 이미 설정된 프레임 또한 재설정할 수 있다.

우리의 질문을 들은 상대방은 기쁜 마음으로 답할 것이고, 이어지는 대화는 양쪽 모두에게 긍정적인 방향으로 전개될 것이다.

CHAPTER

38

상대의 입장을
대변하라

역사 기록을 보면 미국의 16대 대통령 에이브러햄 링컨은 적을 협
력자로 만드는 탁월한 능력을 지니고 있었음을 알 수 있다.

링컨은 대통령이 되기 전 크게 성공한 변호사였다. 철저한 변론
준비와 탁월한 사실 검증 능력으로도 유명했지만, 링컨에게는 다
른 변호사들과 차별화되는 또 한 가지 능력이 있었다. 바로 자신
과 고객을 위한 적절한 프레임 설정 능력이었다.

링컨은 늘 법정에서 상대 측 주장을 요약하여 소개하는 것으로
자신의 변론을 시작했다. 그는 상대 측 주장이 어떤 면에서 일리
가 있는지, 어떤 면에서 고려해볼 가치가 있는지 차근차근 언급하
며 짚어갔다. 모르는 사람이 보면 상대 측 변호사인 줄 착각할 정
도였다.

우선 링컨은 이렇게 함으로써 판사와 배심원들의 신뢰를 이끌

어낼 수 있었다. 양측이 모두 정당한 주장을 하고 있고, 그의 관심사는 오직 진실을 밝히는 것이라는 인상을 심어주었던 것이다. 그는 그런 후에야 자신이 준비한 수많은 근거를 제시하고 주장을 펼치며 휘몰아치는 변론에 들어갔다.

그가 그렇게 할 수 있었던 것은 변론을 시작하며 얻은 판사와 배심원의 신뢰 덕분이었다. 무엇보다 판사와 배심원들은 상대 측의 주장에도 일리가 있다는 링컨의 모습에서 그가 진실만을 말할 정직한 사람이라는 인상을 받았던 것이다.

링컨 따라 하기

우리의 의견에 반대하는 상대를 부드럽게 무장 해제하고 설득할 수 있는 가장 효과적인 방법은 무엇일까? 그것은 바로 먼저 그들의 주장을 들어주는 것이다.

상대의 주장에서 동의하는 부분을 찾아서 상대에게 알리자. 이렇게 하면 상대는 우리가 그의 말에 일리가 있다고 생각한다는 사실을 알고 이해받았다고 느끼게 된다. 동의를 표하는 것은 상대에게 이런 메시지를 보내는 것이다. "현재 우리에게는 두 개의 정당한 관점이 있고, 당신의 주장에도 일리가 있습니다. 당신의 의견 또한 충분히 고려해볼 가치가 있는 주장입니다."

이제 상대는 마음을 놓고 방어적인 태도를 버린다. 우리가 이기려고 혈안이 된 사람이 아니라는 것을 알게 되었기 때문이다.

어쩌면 우리의 태도에 감명을 받아 마음을 열고 우리 주장을 경청할지도 모른다. 적어도 우리 주장의 긍정적인 측면을 인정하려는 노력을 보일 것이다. 그 이유는 무엇일까? 이제 우리와 상대방은 서로에 대한 존중과 진실, 관심을 바탕으로 함께 해결책을 찾고자 노력하는 사이가 되었기 때문이다.

이 방법은 어디에나 활용할 수 있다. 함께 선거에 나선 경쟁자에게도, 의견 차이로 대립하는 배우자나 친구에게도 링컨식 접근법을 사용해보자.

이 방법을 활용할 때에 한 가지 기억해야 할 것이 있다. 이미 여러 차례 의견 대립으로 말다툼이 있었던 사이라면 우리가 갑자기 변한다고 해도 상대가 한 번에 받아들이지는 않으리라는 점이다. 하지만 그렇다고 포기해서는 안 된다. 몇 번 시도하다 보면, 상대도 우리가 옳다는 것을 증명하려는 게 아니라 진실을 찾으려 한다는 사실을 알게 될 것이다.

어떻게 보면 이때 가장 중요한 것은 겸손이다. 겸손이야말로 효과적인 의사소통을 가능하게 하는 주요 요소이기 때문이다. 우리의 관심사가 승패가 아닌 진실이라는 점을 상대방이 알게 되면, 이내 우리의 입장을 받아들일 것이다.

이렇게 상대를 존중하는 적절한 프레임을 설정하고, 정중하고 완곡한 표현을 통하여 우리의 의견을 알린다면 언제나 상대를 성공적으로 설득할 수 있다.

문제보다는
해결책에 집중하라

다음은 한 독자가 필자의 블로그에 남긴 질문이다.

"타인에게 친절하게 대하는 것도 좋지만, 상대가 전혀 협조하지 않는 상황에서는 어떻게 해야 하죠? 그냥 포기하고 돌아서야 하나요? 어째서 상대방 때문에 우리가 문제를 겪어야 하죠? 저는 이해하기 어렵습니다. 그냥 받아들여야 하는 건가요?"

정말 훌륭한 질문이다. 물론 살다 보면 어쩔 수 없이 포기하고 돌아서야 하는 순간들이 있지만, 그런 경우는 극히 드물다. 독자의 질문과 같은 상황에 부딪혔을 때에 우리가 할 수 있는 일은 상대로 하여금 문제가 아닌 해결책을 보게 하는 것이다. 상대에 대한 존중과 정중함을 잃지 않고 이를 해낸다면 모두 승자가 될 수 있다.

세계적인 리더십 전문가이자 베스트셀러 작가인 존 맥스웰

(John Maxwell) 박사의 더블치즈버거 이야기가 그 좋은 예다. 어느 날 맥스웰이 햄버거 가게에 가서 더블치즈버거를 주문했는데 직원이 그런 메뉴는 없다고 했다. 이 말을 들은 맥스웰은 "정말입니까?"라고 물었고, 직원은 "네, 정말이에요"라고 답했다.

그 말을 들은 맥스웰은 아주 정중한 태도로 "그럼 이렇게 하는 건 어떻습니까? 치즈버거를 두 개 만들어서 겹친 다음, 가운데에 있는 빵을 빼 줄 수는 있나요?"라고 물었다. 그러자 그 직원은 "그럼요. 알겠습니다"라고 답했다.

살다 보면 문제에만 매몰되어 해결책은 생각하지 못하는 상대를 만날 수도 있다. 그럴수록 우리는 문제보다는 해결책에 집중해야 한다. 물론 문제 자체를 무시해서는 곤란하므로 문제가 무엇인지 파악하고 그 존재를 인정하되 늘 해결책에 집중하자. 이 방법을 꾸준히 행하다 보면 자연히 문제보다 해결책을 보는 습관이 들고 설득의 재미 또한 느낄 수 있을 것이다.

부정적인 프레임은
피하라

몇 년 전 친구가 운전하는 차를 타고 가다가 겪은 일이다. 그 친구는 매사추세츠에 살다가 얼마 전에 플로리다로 이사를 왔는데, 그만 신호가 없는 교차로를 지나다 실수를 하고 말았다. 곧 경찰차가 사이렌을 울리며 따라오더니 우리가 타고 있던 차를 세웠다.

경관은 차를 세운 이유를 정중하게 설명해 주었지만, 그의 설명을 들은 친구는 "매사추세츠 법은 달라요"라고 말했다.

그럼 함께 간단한 문제를 풀어보자. 경관은 친구의 말에 뭐라고 답했을까?

A. "아, 그럼 제가 잘못한 거네요. 매사추세츠에서 오신 분인 줄 몰랐습니다. 물론 플로리다에서는 위법인 행위이기는 했지만, 매사추세츠 분인 걸 알았으면 차를 세우지는 않았을 거예요."

B. "그렇군요. 매사추세츠에서 괜찮다면 미국 어느 곳에서나 괜찮은 거죠. 이곳 플로리다도 마찬가지고요. 실례했습니다. 살펴가세요. 차를 세운 점 죄송합니다."

C. "여기는 매사추세츠가 아닙니다"라고 말하고서 딱지를 끊는다.

모두가 예상했겠지만, 답은 C이다. 그런데 친구는 이런 결과를 전혀 예상하지 못했는지 깜짝 놀란 눈치였다. 물론 대부분의 사람들은 교통위반 딱지를 발부하는 경관에게 필자의 친구처럼 굴지는 않을 것이다. 그러나 생각보다 많은 이들이 여러 상황에서 유사한 실수를 저지른다. 분명 상대의 마음을 얻고 싶어 하면서도 무슨 이유에선지 상대의 기분을 상하게 할 방식으로 대화를 시작하는 것이다.

지금까지 이 책에서 살펴보았듯이, 우호적인 관계를 쌓기 위한 환경은 생각보다 쉽게 조성할 수 있다. 문제는 적대적인 환경 또한 그렇다는 것이다. 문제의 여지가 있는 상황에서는 잘못된 태도나 말 한마디가 상황을 악화시킬 수도 있고, 최악의 경우 폭발 직전으로 몰고 갈 수도 있다. 즉 상대의 신경을 건드려 발끈하게 만드는 것이다.

물론 앞서 소개한 친구의 이야기는 하나의 예에 불과하며, 조금만 생각했으면 피할 수 있는 상황이었다.

첫 단추를 잘못 끼워도 사태를 바로잡을 수는 있지만, 해결까지의 과정이 더 어려워질 수밖에 없다. 그렇지 않아도 다루기 쉽지 않은 상황을 굳이 더 어렵게 만들 필요는 없지 않은가.

상대방을 편안하게 만들고 우리의 말에 관심을 보이게 하려면 어떻게 해야 할지 자신에게 질문을 던져보자.

과거에 자신이 사용했거나 상대방에게 들었던 말 중에서 서로의 감정을 상하게 했던 것이 있는지 곰곰이 떠올려보고, 앞으로는 그런 표현을 사용하지 않도록 주의하자.

41

양자택일의 함정에
빠지지 마라

"돈이 우선인가요, 아니면 행복이 우선인가요?"

"당신은 베푸는 걸 좋아하나요, 아니면 받는 걸 좋아하나요?"

"당신은 양보하는 사람인가요, 아니면 이겨야 직성이 풀리는 사람인가요?"

이런 양자택일 식의 질문을 받아본 적이 있는가? 이러한 질문에는 질문자가 제시한 두 개의 선택지 외에도 얼마든지 다양한 답변이 가능하다.

필자와 존 데이비드 만은 《가슴은 뜨겁게 접촉은 가볍게(Go-Givers Sell More)》에서 이런 질문에 '기만적 이분법'이라는 이름을 붙였다. '거짓 딜레마'라는 명칭으로도 알려져 있다. 이름이야 어찌 됐든, 이러한 질문의 특징은 '아니면'이라는 단어를 불필요하게 넣는다는 점이다.

위의 질문들은 양자택일을 종용하며, 하나를 고르면 다른 것은 버려야 한다고 말한다. 그러나 곰곰이 생각해보면 꼭 둘 중 하나를 고를 필요는 없다. 돈과 행복을 모두 중요하게 생각할 수도 있고, 베풀면서 받는 사람이 될 수도 있지 않은가.

물론 상대는 우리를 조종하려는 의도 없이 그냥 물어봤을 수도 있다. 그러나 여기서 중요한 것은 상대에게 이런 제한권을 주어서는 안 된다는 점이다.

세일즈맨과의 면담을 마친 후 이런 질문을 들어본 적이 있을 것이다. "그럼 다음 약속은 화요일 10시가 좋습니까, 아니면 수요일 2시가 좋습니까?" 물론 잠재 고객과의 시간 약속을 효율적으로 잡기 위한 질문일 수도 있다.

그러나 잠재 고객의 입장에서 보면, 이 질문은 선택권을 제한하는 질문이다. 그러므로 굳이 둘 중 하나를 선택할 것 없이 정중하게 "사실 두 시간대 모두 곤란할 것 같은데요"라고 말할 수도 있다. 다시 말해, 상대방이 설명한 구도 안에서만 선택할 의무는 없다는 말이다.

자신의 생각을 강요하려는 사람들, 물건을 팔려는 사람들, 거절을 피하려고 꾀를 쓰는 사람들은 이렇게 상대를 거짓 딜레마에 가두고 조종하려고 한다.

그렇다면 어떻게 해야 양자택일의 함정을 피할 수 있을까? 우선, 양자택일을 종용하는 상대를 만났다면 질문에 답하기 전에 잠시 생각을 해보는 것이 좋다. 논리적으로 따져보았을 때에 선택지가 정말 둘밖에 없는지, 제시된 두 가지 외에 더 좋은 답은 없는지, 혹은 둘 다 싫지는 않은지 잘 생각해본 다음 답변하면 된다.

자신에게 이런 질문을 던지는 것도 중요하다. '상대가 나에게 두 가지 선택만이 존재한다고 믿게 하려는 이유는 무엇인가?'

양자택일 식의 질문, 기만적 이분법, 거짓 딜레마는 그저 상대가 설정한 프레임일 뿐이라는 사실을 늘 명심하자. 이런 선택 프레임을 상대방이 설정하게 놔두어서는 안 된다.

물론 정말 선택지가 두 개밖에 없어 반드시 하나를 골라야 하는 경우도 있다. 이런 경우에는 결정을 내려야 한다.

인생은 선택의 연속이라지만, 타인이 설정한 구도 안에서 원치 않는 선택을 내리는 일이 없도록 주의해야 할 것이다.

42

열 살배기 소녀의
설득 비결

아이들에게는 본래 직관적인 설득력이 있다. 부모가 방임주의가 아닌 이상 원하는 것은 늘 설득으로 얻어내야 하기 때문이다. 가끔 강제력(발을 구르며 소리를 지르고 울거나 칭얼거리기)이나 수동적인 조종 능력(원하는 것을 얻기 위해 착하게 굴거나 말 잘 듣기)을 동원하기는 하지만, 여기에는 한계가 있다.

한 번은 남부 캘리포니아 록 힐에서 열린 행사에 연사로 참석할 기회가 있었는데, 그곳에서 실로 최고의 영향력의 본보기가 될 만한 아이의 이야기를 들었다.

돈 킹과 한나 킹 부부에게는 크리스타라는 열 살배기 손녀가 있었다. 아래 소개할 대화를 하기 1년 전쯤, 부부는 크리스타에게 언젠가 유럽 출장에 데려가 주겠다는 약속을 했다. 5월 초, 한나는 크리스타에게서 전화 한 통을 받았다.

크리스타 : "할머니, 유럽에는 언제 가세요?"

한나 : "6월에 간단다."

크리스타 : "이번에는 저도 데려가 주시는 거죠? 지난번에 약속하셨잖아요."

한나 : "크리스타, 한 달밖에 안 남았는데 네겐 여권도 없잖니."

대화는 이렇게 끝났다. 그로부터 2주 후, 크리스타에게서 다시 전화가 걸려왔다.

크리스타 : "할머니. 저 구했어요."

한나 : "뭘 말이니?"

크리스타 : "여권 말이에요. 할머니 할아버지랑 같이 유럽에 갈 준비가 됐어요."

한나 : "그런데 할머니 할아버지는 회의가 많아서 계속 돌봐줄 수가 없어. 현지에서 베이비시터를 구하면 말도 잘 안 통할 텐데 괜찮겠니?"

크리스타 : "그 정도는 괜찮아요."

결국 크리스타는 출장길에 동행했는데 의외로 말도 잘 듣고 즐거운 여행 상대가 되어주었다고 한다.

할머니를 설득한 크리스타의 행동에서 설득력 강화의 법칙을 여러 개 찾을 수 있다.

- 첫째, 듣고 싶은 답을 생각하고 질문하라.
- 둘째, 상대가 들어주고 싶어 할 만한 긍정적인 이미지를 제시하라. 크리스타는 한나에게 "이번에는 저도 데려가 주시는 거죠? 지난번에 약속하셨잖아요."라고 물었지만, 사실 아이가 질문을 통하여 전달하고 싶었던 메시지는 이것이었다. "사랑하고 존경하는 할머니, 할머니는 아끼는 손녀와의 약속을 저버리지 않는 정직함과 성실함의 중요성을 몸소 보여주실 거죠?"
- 셋째, 문제가 있다면 해결책을 찾아라.
- 넷째, 반대를 극복할 방법을 찾아라.
- 다섯째, 설득하며 약속한 것을 지켜라. 그러면 다음 설득은 더욱 쉬워진다.

정말이지 배울 것이 많은 아이다.

프레임의 변화가 가져오는
삶의 변화

버논 하워드(Vernon Howard)는 자신의 저서 《소수만이 알고 있는 정신의 힘(Esoteric Mind Power)》에서 다음과 같이 말했다. "로봇에게서 무례한 말을 들었다고 기분이 상할 사람은 없을 것이다. 기계에 불과한 로봇에게서 자존심의 위협을 느낄 사람은 없기 때문이다. 사실 인간 중에서도 로봇만큼이나 기계적으로 행동하는 사람들이 많지만, 대부분 이를 알지 못하고 그들에게 인격을 부여하여 스스로 상처를 받는다. 인간의 기계적 특성을 이해하면 다른 인간에게서 상처를 받을 일이 없다."

물론 인간이 기계와 같다는 저자의 주장에는 이론의 여지가 있지만, 위의 내용은 내면적 프레임 재설정의 중요성을 보여주는 훌륭한 예시다.

프레임은 모든 것의 기본이 되는 전제다. 결과는 문맥, 즉 프레임 안에서만 만들어질 수 있기 때문이다.

5부에서는 주로 타인과의 관계에서 프레임을 설정하는 방법과, 타인이 설정한 부정적인 프레임을 재설정하여 생산적인 결과를 이끌어내는 법에 대하여 논의했다.

이제부터는 우리 자신을 위한 내적인 프레임을 재설정하는 방법을 알아보자. 제대로 활용할 수 있다면 훨씬 더 평화롭고 자신감 넘치며 효과적인 삶을 살게 될 것이다.

내적인 프레임을 재설정한다는 것은 즉 일상에서 벌어지는 일들을 평소와는 다른 시점으로 보겠다는 결심이다. 원래의 프레임이 불행한 감정을 불러왔다면, 그 프레임을 변화시킴으로써 행복에 초점을 맞추는 것이다. 똑같은 사건이라도 바라보는 프레임에 따라 우리에게 미치는 영향이 크게 달라진다.

예를 들어, 버논 하워드의 책 내용에서처럼 누군가가 우리에게 무례한 말을 했다고 가정해보자. 원래의 프레임에서라면 이를 개인적인 공격으로 받아들이고 자신감과 자존심에 상처를 입을 것이다. 결국 상대에게 똑같이 무례한 말을 하거나 화를 참다가 하루를 망칠 가능성이 크다.

그럼 이제 내적인 프레임을 재설정해보자. 어떤 프레임을 설정하면 이 사건을 긍정적으로 볼 수 있을까? 물론 상황마다 취해야 할 행동은 다르겠지만, 다음과 같이 생각한다면 어려운 상황을 바라보는 내적인 프레임을 재설정할 수 있다.

1. 이 사건은 대인관계에서 인내심을 수련할 좋은 기회다.
2. 이 사건은 갈등 상황에서 반응 대신 대응을 보이는 연습을 할 수 있는 완벽한 기회다.
3. 지금 상대가 겪는 문제와 불행이 내 문제가 아니어서 정말 다행이다.
4. 이 사건은 영향력 기술을 발휘하여 설득하는 방법을 연습하기에 좋은 기회다. (물론 연습은 적절한 경우에만 실행에 옮겨야 한다.)

이렇게 부정적인 상황이나 대하기 어려운 상대를 바라보는 프레임을 긍정적으로 재설정하자. 다양한 상황을 상상하며 연습해보면 실제 그 상황이 발생했을 때에 유용하게 활용할 수 있다.

상사, 배우자, 자녀, 친구, 고객과 대립하는 상황도 상상해보고, 차에 기름이 떨어진 상황, 우유를 쏟은 상황, 바나나 껍질을 밟아 미끄러진 상황(그런데 정말 이렇게 넘어지는 사람이 있기는 할까?), 그 외에도 괴로울 것 같은 상황을 다양하게 상상해보자. 그리고 이러한 여러 상황에 대입할 수 있는 긍정적인 프레임을 떠올려보는 것이다.

이는 모래밭에 머리를 파묻고 현실을 무시하라는 의미가 아니다. 이미 일어난 일은 그대로 인정하는 것도 물론 중요하지만, 이를 어떻게 해석하느냐에 따라 상황을 긍정적으로 볼 수도 있고 부정적으로 볼 수도 있다.

자신의 프레임을 재설정하는 데 어느 정도 익숙해지고 나면 상대의 재설정도 도울 수 있다. 그럴 수 있다면 상대에 대한 영향력과 설득력이 점점 커질 것이다.

PART 6

완곡하게 표현하고
공감능력을 발휘하라

ㅣ

큰 차이를 만드는 작은 차이

완곡한 표현 능력이란,
정신 나간 사람에게도 열린 마음을 가졌다고
돌려 말할 수 있는 능력이다.

무명씨

우선 최고의 영향력을 지닌 대표적인 인물인 링컨 대통령이 주는 교훈을 한 가지 더 배워보자. 이번에는 편지다.

후커 장군 귀하 :

장군,

나는 귀관을 포토맥 군 지휘관으로 임명했습니다. 물론 충분한 이유가 있어서 내린 결정이지만, 귀관에겐 만족스럽지 못한 부분도 조금 있습니다. 그 점을 알려 드리는 것이 좋을 듯합니다.

귀관은 용맹하고 뛰어난 군인이며, 나는 이 점을 높이 삽니다. 나는 귀관이 자신의 임무에 정치를 개입시키지 않으리라는 점을 잘 알고 있고, 이는 옳은 일이라고 생각합니다. 귀관의 자신감도 군인에겐 반드시 필요한 귀중한 장점입니다. 야심 찬 의욕 또한 정도를 넘지 않는 한에서 발휘한다면 단점보다는 장점으로 작용할 것입니다.

그러나 번사이드 장군이 포토맥 군을 이끌던 시절, 휘하에 있던 귀관은 바로 그 야심 때문에 상관의 계획을 여러 번 방해했습니다. 이는 국가적으로도 중대한 손실이었을 뿐 아니라, 많은 공로를 세운 명예로운 동료 군인인 번사이드 장군에게도 무례한 일이었습니다. 최근 귀관께서 군대에도 정부에도 독재자가 필요하다고 주장했다는 말을 들었습니다.

물론 내가 귀관을 기용한 것은 그런 주장을 했기 때문이 아닙니다. 그런 주장을 했음에도 기용한 것이지요. 독재할 수 있는 것은 작전에 성공한 장군들뿐입니다. 내가 현재 귀관에게 요구하는 것은 군사적인 성공이며, 귀관이 이를 이룰 수만 있다면 나는 기꺼이 독재의 위험을 감수하겠습니다. 정부는 지금까지 다른 지휘관들에게 그랬듯이 최선을 다해 귀관을 도울 것입니다. 귀관이 만들어낸, 지휘관을 비판하고 상관에게 협조하지 않는 풍조가 이제 귀관의 발목을 잡을까 두렵습니다. 나는 이를 막기 위하여 최선을 다하겠습니다. 군 내부에 그런 풍조가 만연해 있다면 귀관이 아니라 죽은 나폴레옹이 살아온다고 해도 통솔하기 어려울 것입니다. 경거망동은 삼가고 불철주야 노력하여 앞으로 나아가 조국에 승리를 안겨주시기를 바랍니다.

진심을 담아,

A. 링컨

링컨이 조셉 후커를 포토맥 군 지휘관으로 임명하고 보낸 이 편지는 완곡한 표현의 완벽한 예시다. 링컨은 편지를 통하여 후커 장군의 단점을 언급하면서도 그를 모욕하거나 둘 사이의 관계를 망치지는 않았다.

이 책에서 지금까지 언급한 원칙들을 지킬 수 있다면, 즉 감정을 다스리고, 관점의 차이를 이해하고, 상대방의 자존심을 존중하고, 적절한 프레임을 설정할 수 있다면 영향력과 설득력이 엄청나게 강화될 것이다. 그러면 이를 실천하지 못하는 99.9퍼센트의 다른 사람들과 우리를 차별화할 수 있다.

단, 위의 네 가지 원칙을 완성하는 중요한 한 가지 원칙이 남아 있다. 바로 완곡한 표현과 공감능력이다.

완곡한 표현과 공감능력은 어찌 보면 떼려야 뗄 수 없는 쌍둥이 같은 존재다. 무엇을 어떻게 말해야 할지 알려면 공감능력이 필요하고, 이를 효과적으로 전달하려면 완곡한 표현 능력이 필요하기 때문이다.

앞서 소개한 링컨의 편지는 완곡한 표현의 힘을 잘 보여준다. 완곡한 표현을 효과적으로 사용하면 할 말은 하면서도 상대에게 만족감을 줄 수 있다. 이렇게 하면 상대는 열린 마음으로 우리의 말을 받아들일 것이다. 여기에 더해서 공감능력을 발휘하면 상대의 감정을 충분히 이해하여 효과적인 메시지를 전달할 수 있다.

완곡한 표현과 공감능력은 서로 독립적인 개념이지만, 최고의 영향력을 가지기 위한 다섯 번째 원칙은 이 둘을 동시에 활용하는 것이다.

책의 앞부분에서 이미 완곡한 표현에 대한 정의를 내린 바 있는데, 독자의 이해를 돕고자 인터넷에서 추가적인 설명을 찾아보았다. 가장 처음 방문한 홈페이지는 위즈덤커먼스(www.wisdomcommons.org)라는 곳이었는데, 그곳에서 핵심을 짚은 설명을 발견했다.

완곡한 표현은 어려운 대화에서도 정직함과 상대에 대한 배려를 지킬 수 있게 해준다. 완곡한 표현을 사용하면 상대에게 상처나 위압감을 주지 않으면서도 진실을 말할 수 있다. 단, 완곡한 표현을 잘 활용하려면 말 자체의 내용뿐 아니라 타이밍 또한 신경 써야 한다. 이를 위해서는 상대의 입장에 공감하고 그 감정을 이해하는 것이 반드시 필요하다.

이 설명의 마지막 문장에서도 공감의 중요성을 강조하고 있다. 완곡한 표현을 잘 활용하려면, 상대에게 공감하고 이를 전달해야만 한다.

완곡한 표현과 공감은 함께 사용하면 더욱 강력한 효과를 발휘하지만, 불행하게도 많은 사람이 둘 중 하나도 제대로 활용하지 못한다. 물론 지금까지 그랬다고 해서 앞으로도 활용하지 못하라는 법은 없다.

완곡한 표현법은 기술이지만, 공감하는 태도 없이는 활용할 수 없다.

공감하는 태도는 중요하지만, 완곡한 표현의 기술 없이는 드러낼 수 없다.

다행스러운 것은 두 능력 모두 학습하고 개발할 수 있다는 점이다. 이 두 가지를 강점으로 개발할 수 있다면, 우리는 대인관계 기술과 설득의 달인이 될 것이다. 다시 말해, 최고의 영향력을 갖추게 되는 것이다.

그럼 이제부터 그 방법을 함께 살펴보도록 하자.

44

"다 잘 되라고 하는 말인데"

곰곰이 한번 생각해보자. 반드시 상대를 지적하고, 비판하고, 비난해야 하는 경우가 있을까?

결론부터 말하자면, 그렇다. 인간은 누구나 실수를 하고 잘못을 저지른다. 그리고 많은 경우, 실수나 잘못을 지적해야만 멈춘다. 예를 들어 부하 직원이 매일 지각을 하는데 이를 바로잡지 않는다면 이는 업무태만이라고 볼 수 있다.

만약 어느 직원이 자신도 모르게 고객에게 잘못된 정보를 제공하는 것을 우연히 들었다면 어떻게 해야 할까? 그대로 모른척한다면 고객이나 다른 직원들, 나아가 회사에도 누가 될 것이다.

협상으로 싸게 살 수 있었던 상품을 비싸게 구매한 동료에게는 뭐라고 말해야 할까? 원래 제공하기로 했던 서비스에 만족하지 못하고 무리한 요구를 하는 고객에게는 뭐라고 해야 할까?

자녀가 중요한 규칙을 위반했을 때는 또 어떨까? 이러한 경우에는 당연히 상황을 바로잡아야 할 것이다.

중요한 것은 상대를 지적할 필요가 있는지 여부가 아니다. 그보다는 상대가 방어적인 태도를 보이지 않고 우리의 의견을 받아들여 행동을 고치게 할 방법을 찾는 것이 중요하다.

이때 상대의 자존심을 존중하고 완곡한 표현의 힘을 빌리면 방법을 찾을 수 있다.

상대의 비판이나 지적을 즐기는 사람은 없다

가끔 사람들이 자신은 건설적인 비판을 했는데 왜 상대는 못 받아들이는지 모르겠다며 필자에게 질문해올 때가 있다. 실제로 블로그 독자 중 한 명이 이런 질문을 남겼다. "부하 직원이나 자녀의 잘못을 지적하면 모두 부정적으로 반응해요. 그런 반응을 보면 저도 속상하죠. 다 잘되라고 해주는 말인데 왜 그러는 걸까요? 제가 뭔가 중요한 것을 놓치고 있는 건가요? 도와주려는 건데 다들 왜 이런 거부반응을 보이는 거죠?"

정말 훌륭한 질문이라고 생각한다. 무엇보다 질문자가 아끼는 상대를 더 잘 이해하고 이들과 더욱 생산적으로 소통할 방법을 찾고 있다는 것이 느껴진다.

여기서 잠시 4부의 '상대방의 자존심을 존중하라'는 내용을 다시 떠올려보자. 논리가 탄탄하다고 상대가 우리의 말을 듣지는 않는다. 우리의 말을 수용할지는 상대의 자존심에 달렸다. 그러므로 자존심을 존중하며 접근해야 한다.

자존심에 상처를 받은 사람들은 아무리 좋은 충고나 조언을 해도 거부한다.

사실 상대의 비판이나 지적을 즐기는 사람은 없다. 필자 또한 마찬가지다. 아무리 좋게 얘기해도 선뜻 "제가 잘못한 것을 지적해주셔서 정말 감사합니다!"라고 외칠 마음이 들지는 않는다.

세상에서 가장 강한 언어

책의 앞부분에 말했지만, 필자의 아버지는 '부드러운 언어야말로 강한 언어'라고 말씀하시곤 했다. 상대에게 요청이나 제안을 할 때도 마찬가지다. 부드럽고 완곡한 표현을 활용하면 상대의 마음을 열 수 있지만, 그렇지 못하면 상대는 방어적인 태도를 보인다.

처음에는 이런 표현을 의식적으로 활용해야겠지만, 자주 사용하다 보면 습관이 되어 깜짝 놀랄 만한 결과를 가져다줄 것이다.

완곡한 표현을 활용하기 위한 첫 단계는 무엇일까? 바로 말하기 전에 생각하는 것이다. 말을 입 밖으로 뱉기 전에 자신이 하려는 말을 곰곰이 곱씹어보는 습관을 들이자. 이는 연설에 들어가기 전 연설문을 손보는 것과 마찬가지다. 자신에게 이런 질문을 던져보자. '내가 지금부터 하려는 말의 내용이나 전달 방법을 상대가 어떻게 받아들일까?'

물론 이렇게 하려면 우선 자신의 감정을 다스릴 수 있어야 한다.

두 번째 단계는 상대의 신념 체계와 자존심, 그리고 감정을 존중할 수 있는 적절한 단어와 표현을 활용하는 것이다.

완곡한 언어를 더욱 빨리 익히고 싶다면 다른 사람과 대화하고 나서 자신을 평가하는 습관을 들여라. 평가 요소는 다음과 같다. '말을 하기 전에 충분히 생각했나?' '상대의 감정을 배려했나?' '정중하고 부드러운 태도를 유지했나?' '긍정적인 프레임을 설정했나?' '입으로 말하는 내용과 얼굴에 나타난 표정이 일치했나?'

적절한 표현을 사용하는 것도 중요하지만, 이보다 더욱 중요한 것은 상대에게 말을 전달하는 태도다. 의도가 올바르다면 대부분의 경우, 자연스럽게 적절한 표현이 뒤따른다. 바로 이것이 필자가 완곡한 표현과 공감을 한데 묶어 설명하는 진짜 이유다. 상대에 대한 우리의 태도를 결정하는 것은 바로 공감능력이다.

그럼 완곡하고 부드러운 표현을 사용하여 상대의 잘못을 지적한 예시를 함께 살펴보자.

"수잔, 좋은 정보를 제공해줘서 고마워요. 비록 현재 진행 방향과는 맞지 않는 면이 있지만, 덕분에 새로운 사실을 알게 되었어요."

"톰, 일리 있는 의견이네요. 충분히 고려해볼 만한 사항인 것 같아요. 그런데 확인 차 묻고 싶은 게 있어요. 배송 문제에 대해 말씀하셨는데, 혹시 구체적으로 마음에 걸리는 사안이 있는 건가요?"

"숙제를 참 열심히 했구나. 네가 정말 자랑스럽단다. 조금만 더 노력하면 선생님도 감탄하실 거고, 성적도 더 오를 거야."

완곡한 표현법을 사용한 위의 예시들을 읽어보고, 이런 표현을 제거한다면 상대에게 어떻게 들릴지 생각해보자. 둘을 비교해본 다음, 어떤 방식이 더 효과적으로 우리의 설득력과 영향력을 높여 줄지 생각해보자.

혹시나 해서 덧붙이자면, 완곡하지 못한 표현이라고 해서 꼭 '못된' 말은 아니다. 그저 상대의 감정을 배려하지 않는 짧고 냉정한 (혹은 따뜻하지 않은) 말일 수도 있다. 그러나 이런 말 또한 의도와는 상관없이 상대에게 상처를 주어 우리가 바라는 긍정적인 반응을 일으키지는 못한다.

부드러운 언어야말로 강한 언어인 것이다.

CHAPTER

45

동의하기 어렵더라도
공감은 표하라

뛰어난 공감능력은 최고의 영향력을 갖추기 위한 열쇠라고 해도 과언이 아니다. 한 가지 희소식이 있다면, 공감능력은 타고나는 것이 아니라 개발되는 것이라는 점이다. 앞서 소개한 블로그 독자의 질문 또한 상대가 자신의 의견에 거부 반응을 보이는 이유를 파악하고 이들을 도울 더 좋은 방법을 찾아 공감능력을 개발하려는 노력의 일환이었다.

사업 관계에서도 개인적인 인간관계에서도, 공감능력은 성공과 실패를 가르는 핵심적인 차별화 요소다. 뛰어난 공감능력을 바탕으로 상대와 소통할 수 있는 사람들은 그렇지 않은 사람들을 압도하는 큰 장점을 갖춘 셈이다.

물론 상대의 감정을 파악하거나 이에 공감하기 어려운 때도 있다. 이런 경우에는 상대에게 솔직히 말하면 된다. 상대의 감정을 이해하는 것도 중요하지만, 그것만으로는 부족하다. 더욱 중요한 것은 우리가 이해하고 있다는 사실을 적절한 소통을 통하여 상대에게 알리는 것이다.

꼭 상대의 감정을 실제로 느낄 필요는 없다

우리의 목표는 상대의 감정을 이해하는 것이다. 그런데 상대의 감정에 동의할 수 없는 경우에는 어떻게 해야 할까? 사실 상대방이 정확히 어떤 감정을 느끼고 있는지 파악하기는 쉽지 않으며, 전혀 감이 잡히지 않는 경우도 많다.

그러나 이런 경우에도 공감능력을 발휘할 수는 있다. 공감을 바탕으로 소통한다는 것이 꼭 상대가 느끼는 감정을 실제로 느낀다는 의미는 아니다. 사실 그러지 못할 가능성이 훨씬 크다. 단 상대의 감정을 정확히 파악하지는 못한다고 하더라도, 상대가 '뭔가'를 느끼고 있다는 것을 파악할 수는 있다.

한 번은 필자가 페이스북에 올린 글 때문에 댓글란에 공감에 관한 토론이 벌어진 적이 있는데, 캘리포니아 클로비스에 거주하는 톰 심스 목사가 다음과 같은 훌륭한 댓글을 남겨주었다. "인간은 누구나 개인적으로 고통받거나 분투한 경험이 있습니다. 이러한 공통된 감정적 경험은 우리를 하나의 인류로 묶어주고, 서로에게 연민과 측은지심을 느끼게 해주지요."

정말 훌륭한 말씀이다.

공감하는 마음을 품고 경청하면 상대는 이해받는 기분을 느끼게 된다. 이렇게 누군가가 자신의 말을 경청해주는 것만으로 상대는 절망에서 희망으로, 좌절에서 투지로 나아가 어려움을 극복할 수 있다.

공감 대 동정

지그 지글러는 공감(empathy)과 동정(sympathy)의 차이를 이렇게 설명했다. "공감으로 접근하면 상대의 감정을 이해하여 도움을 주거나 해결책을 제시할 수 있다. 그러나 동정으로 접근하면 상대의 감정에 끌려들어가 해결책을 제시하기보다는 상대의 문제에 매몰된다."

지글러는 둘의 차이를 설명하기 위하여 유람선에서 상대방이 뱃멀미를 할 때의 대처법을 예로 들었다.

공감으로 접근한 사람은 그 승객이 편안하게 쉴 수 있도록 돕고, 수건과 멀미약을 가져다주거나 선내 의사를 데려다 주려고 할 것이다.

그러나 동정으로 접근한 사람은 멀미하는 상대의 고통에 너무 깊게 동조한 나머지 자신도 뱃멀미를 하게 될 가능성이 있다. 즉 상대에게도 자신에게도 도움이 되지 못하는 것이다.

팀 샌더스(Tim Sanders)는 자신의 저서 《완전 호감 기술(The Likeability Factor)》에서 두 개념을 훌륭하게 설명해냈다. 저자에 따르면 공감과 동정은 그 초점 자체가 다르다.

상대에게 동정심을 느끼는 경우, 우리는 그들을 가엾게 생각하며 연민을 가진다. 그러나 이는 상대의 감정이 아닌 우리의 감정이다. 이런 경우, 우리는 자신에게 집중하여 상대의 감정은 알 수 없으며 알려는 노력을 기울이지 않는다. 그저 상대의 기분이 좋지 않다는 (혹은 외롭거나, 우울하거나, 화가 났다는) 그 사실 때문에 함께 좋지 않은 기분에 빠지는 것뿐이다.

그러나 공감하는 마음을 가지는 경우, 상대를 그저 안쓰럽게 보기보다는 상대에게 자신의 모습을 투사해보게 된다. 상대의 입장에 우리의 입장을 대입해보려고 노력하게 되는 것이다.

즉, 동정심의 초점은 우리 자신이고, 공감의 초점은 상대방이다. 물론 동정심 또한 훌륭한 감정이고, 동정심을 발휘해야 하는 시기나 장소도 분명히 존재한다. 그러나 가치를 제공하고 싶다면 상대에게 초점을 두는 공감이 훨씬 더 생산적인 접근법이다. 최고의 영향력을 발휘하기 원한다면 우리 자신이 아닌 상대에 초점을 맞춰야 하기 때문이다.

마음을 열게 하는
마법의 '여는 말'

세상에는 타인의 조언이나 지시를 받아들이지 못하는 사람들이 많다. 그러나 상대가 옳지 않은 일을 하거나 업무를 제대로 처리하지 못할 때에는 조언과 설득을 통해 도와야 하는 것이 사실이다.

그렇다면 어떻게 해야 상대의 기분을 상하게 하거나 저항을 일으키지 않고 조언할 수 있을까? 우리의 생각에 동의하고 이를 받아들이도록 하게 할 좋은 방법은 없을까? 한 가지 훌륭한 방법이 있다. 바로 필자가 '여는 말'이라고 부르는 표현을 활용하는 것이다. 이러한 표현은 상대를 지적하기 전, 우선 부드럽게 공감을 알리는 역할을 한다. 활용법도 어렵지 않을뿐더러, 그 효과가 마치 마법과도 같다.

부드러운 여는 말을 활용하면, 상대는 조금 더 열린 마음으로 조언을 받아들일 준비를 하게 된다. 활용법은 간단하다. 구체적인 조언 앞에 여는 말을 붙이면 된다.

아래는 부드러운 여는 말의 성공적인 활용 예다. 여는 말에 해당하는 부분은 푸른색으로 표시했다.

"셜리, 내가 틀렸을지도 모르지만, 이렇게 하면 비용효율을 더 높일 수 있지 않을까요?"

"론, 궁금해서 여쭤보는 건데, 이 부분을 이렇게 바꾸면 어떨까요?"

"이건 제 생각인데, 톰에게 이 부서를 이끌게 하면 더 효과적인 리더가 될 수 있을 것 같아요."

"도나, 물론 틀렸을 수도 있지만, 제가 보기에는 이번 제품 출시가 좀 늦은 것 같아요."

"스티브, 한 번 해본 생각인데, 이 물건은 여기에 놓는 것이 어떨까요?"

그리고 아래의 표현은 그야말로 상대의 마음을 여는 데에 효과 만점이다.

"조, 아무래도 저보다 더 잘 아시니까 여쭤보는 건데, 궁금한 게 있어요."

설득에 능한 사람들은 늘 누군가에게 조언하기 전 이러한 여는 말을 활용한다. 쓴 알약도 설탕 옷을 입히면 삼키기 더 쉬운 법이다.

부드러운 여는 말에는 두 가지의 장점이 있다.

1. 상대의 마음을 열어준다. 여는 말은 상대가 우리의 의견이나 조
언을 받아들이기 쉽게 만들어준다. 가끔 상대의 의견을 받아들
이고 싶은데도 자존심 때문에 그렇게 하지 못하는 사람들이 있
다. 이런 경우, 부드러운 여는 말은 상대의 자존심과 우리의 조언
사이에서 완충제로 작용한다. '내가 옳고 너는 틀렸어'라는 접근
이 아닌 '내가 옳을 수도 있으니 한 번 들어줘'라는 접근을 할 수
있게 해주는 것이다.

단정적인 접근에 비하여 확신이 떨어져 보이지만, 신기하게도 이
런 말은 상대의 의심을 부르기는커녕 마음의 문을 열어준다. 언
뜻 보기에는 이해가 안 될 수도 있겠지만, 그 효과는 정말 뛰어
나다.

2. 우리의 마음을 열어준다. 이러한 문구의 또 다른 장점은 이것이
우리 자신을 돌아보게 하고 우리의 말이 정말 옳은지 스스로 자
문하게 한다는 것이다. 이렇게 자신을 점검함으로써 옳지 않은
말을 할 확률을 줄일 수 있다. 그러면 자연히 우리의 의견에 대
한 타인의 신뢰도가 높아지게 된다.

맞서지 않고
받아 넘기기

우리는 38장에서 링컨의 일화를 통하여 그의 탁월한 영향력과 설득력을 살펴본 바 있다. 링컨은 갈등을 최소화하고 적을 협력자로 만드는 법을 확실히 알고 있었다. 필자가 오래전에 읽은 아래의 일화 또한 링컨의 대인관계 기술을 여실히 보여준다.

어느 기자가 링컨을 인터뷰하던 중 한 정부 인사가 그의 판단을 신랄하게 비판했다는 말을 전하며 링컨의 의견을 물었다. 링컨은 그 인사에게 존경을 표하고 나서, 그 사람이 보인 우려라면 분명히 일리가 있을 것이라고 답했다. 이런 신중한 답변 덕분에 링컨은 편 가르기와 불필요한 논쟁을 피하고, 적과 동료 모두에게 호감을 샀다. 그 결과 그는 논쟁에 휘말리지 않고 중요한 사안에 집중할 수 있었다.

일화 속의 링컨은 공격에 정면으로 맞서지 않았다. 더 이상 논쟁이 번지지 않도록 상대의 비난을 다른 방향으로 부드럽게 받아넘긴 것이다.

권투에서도 이와 유사한 장면을 볼 수 있다. 한 선수가 잽을 날린다. 그러면 상대 선수는 침착하게 주먹이 가까이 오기를 기다렸다가 오른손을 들어 손목의 움직임으로 가볍게 받아넘긴다. 힘이 많이 들어간 잽일수록 오히려 힘을 덜 들이고 받아넘길 수 있다.

우리는 상대방의 비난을 들으면 본능적으로 맞서 싸우려 한다. 그러나 맞서 싸운다고 해서 원하는 결과를 얻을 수는 없다. 우리를 향한 비난의 말도, 그 말을 한 상대방도 사라지지 않고 오히려 갈등과 대립이 더욱 격해진다. 이럴 때는 링컨의 방법을 활용해보자. 상대를 칭찬하면 상대는 우리를 비난하여 상처 줄 힘을 잃게 된다. 아래의 두 가지 방법 중 한 가지를 활용해보자.

1. 공격자에 대한 긍정적인 말을 하라. 누군가가 우리에 대해 좋지 않은 말을 했다는 이야기를 듣게 된다면 링컨이 했던 것처럼 공격자에 대한 존경을 표하고 이렇게 말하라. "팻이 한 이야기라면 어쨌든 고려해 볼 가치가 있겠네요."
우리가 이렇게 받아넘기면 팻의 말을 전한 사람을 무장해제할 수 있다. 우선 말을 전한 전달자의 이야기에 반대하지 않았으니 전달자와 우리 사이에 논쟁할 거리가 없다. 또한, 팻이 우리를 비난하며 말한 내용 자체에도 대응하지 않았으므로 내용에 대한 논쟁거리도 없다. 비난에 방어적인 반응을 보이지 않았으므로, 팻을 포함한 다른 이들에게 우리가 그런 반응을 보이더라는 말을 전할 수도 없다.

가능하다면 링컨이 상대에게 존경을 표한 것처럼 "더그는 제가 존경하는 사람 중 한 명이에요"라고 말하는 것도 방법이다. 우리를 비난한 상대에게 칭찬하는 것은 우리를 더욱 돋보이게 할 수 있다. 단, 이런 말을 덧붙이는 것이 불편하다면 꼭 그렇게 할 필요는 없다. 중요한 것은 더그와 같은 사람이 아닌 더 나은 사람이 되는 것이다. 이렇게 말하는 것도 가능하다. "그 말은 제 생각과는 다르기는 하지만, 저는 늘 여러 제안이나 건의 사항을 열린 마음으로 받아들이려고 노력한답니다. 한번 시간을 들여 생각해보도록 하죠." 이는 더그를 칭찬하는 말은 아니지만 그렇다고 그를 비난하는 말도 아니다.

2. 공격의 내용에 대한 긍정적인 말을 하라. 직접적으로 상대에게서 비난받았을 때에는 곧바로 충분히 일리 있는 말이며 고려해보겠다고 말하라. 이런 말이 적절하지 않은 상황이라면 가볍게 감사를 표하고 언급해줘서 고맙다고 말한 다음, 추가적인 대응이나 설명이 필요할지를 결정하면 된다. 상대의 공격을 받아넘기는 데에는 "정말 좋은 질문이네요", "일리 있는 말씀이군요"라는 표현 또한 유용하게 사용할 수 있다.

단 상대의 공격에 맞서지 말고 받아넘기라는 말이 부당한 일을 참고 넘기라는 뜻은 아니다. 필요한 경우라면 당연히 상대의 공격이나 질문에 답하고 자신을 변호해야 한다. 입장을 확실히 밝힐 필요가 있는 경우도 많다. 그러나 이런 경우에도 곧바로 공격에 나서지 않고 유연하게 받아넘기면 상황을 더욱 객관적으로 볼 수 있다. 긍정적인 거리 두기가 가능해지므로, 상한 감정을 드러내거나 부정적인 답변을 쏟아내는 대신 모두에게 이로운 답변을 할 수 있다. 아래는 받아넘기기를 연습하는 세 가지 방법이다.

- 다른 사람들이 갈등 상황 안에서 상대의 '잽'을 어떻게 다루는지 관찰해보자. 우아한 받아넘기기로 처리하는가? 잽을 멈추게 하는 데에만 골몰하는가? 각각 어떤 결과를 불러왔는가?
- TV 인터뷰를 볼 때에는 질문자와 답변자 사이의 역학관계를 관찰해보자. 상대의 공격이나 곤란한 질문을 능숙하게 받아넘기는 사람이 있다면 유심히 보고 기억해두었다가 유사한 상황이 생겼을 때에 활용해보자.
- 크고 작은 실제 대립 상황에서 공격 받아넘기기를 연습해보자.

이번 장에 소개한 기술을 능숙하게 익힐 수만 있다면 상대의 공격에 맞설 강력한 무기를 얻는 것은 물론이고 영향력 또한 키울 수 있을 것이다. 상대의 공격을 슬쩍 받아넘기며 느끼는 재미와 쾌감은 덤이다.

경쟁자를
칭찬하라

앞장에 소개한 링컨의 일화는 잠재적인 적뿐 아니라 직접적인 경쟁자를 칭찬하는 것도 우리의 영향력을 높여준다는 점을 일깨워준다. 경쟁자를 칭찬한다고 해서 우리에게 해가 될 것은 전혀 없으며, 잠재 고객들에게 자신에 대한 긍정적인 이미지를 심어줄 수 있다.

영업에서는 절대 경쟁자를 비난하지 말라고 가르친다. 경쟁자를 비난하면 자신의 이미지도 망치게 되기 때문이다. 경쟁자를 칭찬하지도 말라는 가르침도 있지만, 필자는 이 원칙에 동의하지 않는다. 경쟁자를 칭찬하여 얻을 수 있는 놀라운 효과를 몸소 체험했기 때문이다.

잠재 고객과의 면담에서 고객이 경쟁자에 대해서 언급하면, 필자는 늘 최선을 다해 그 경쟁자를 칭찬하고 좋은 말을 한다. 왜

일까? 필자가 그저 성격이 좋아서 그런 것일까? (물론 필자는 이것이 이유라 믿고 싶다.) 이유는 간단하다. 경쟁자를 칭찬함으로써 잠재 고객의 마음속에 필자에 대한 좋은 인상을 남길 수 있기 때문이다. 경쟁자를 칭찬하는 우리의 모습을 본 고객은 우리에 대하여 어떤 인상을 받게 될까?

1. 자신감 있는 사람이다. 고객은 경쟁자를 칭찬하는 우리의 모습에서 자신감을 느낄 수 있다. 경쟁자의 이득이나 자신의 손해를 걱정하지 않는 진정한 자신감 말이다.
2. 성공한 사람이다. 자신감 있는 사람은 성공한 사람이다. 성공하지 못한 사람이라면 경쟁자를 칭찬할 수 있는 자신감이 없을 테니 말이다.
3. 믿을만한 사람이다. 고객은 경쟁자를 비난할 기회를 지나치는 우리의 모습을 보고 믿음을 갖게 된다. 다른 곳에 가서 고객이나 고객사 직원에 대해 부정적인 말을 하지 않으리라는 확신을 주기 때문이다.

물론 경쟁자가 도둑이나 다름없는 사람이라면 억지로 좋은 말을 해줄 수는 없다. 이런 경우에는 아무런 언급도 하지 않는 것이 좋다. 그럼에도 그 경쟁자의 다른 장점을 한두 가지 언급할 수 있다면 그렇게 하는 것도 좋다. 이 또한 우리의 모습을 더욱 빛내줄 것이다.

완곡한 표현이
타협은 아니다

토론에서건 기업 간 협상에서건, 혹은 판매자와 구매자 사이의 대화에서건 반드시 기억해두어야 할 것이 있다. 바로 완곡한 표현과 타협은 절대 같은 것이 아니라는 점이다.

타협이 무조건 부적절하다는 것은 아니다. 타협 또한 우리가 매일 살아가며 타인과 어울려 일하는 데 반드시 필요한 요소 중 하나다. 그러나 타협 없이 우리의 입장을 굳게 지켜야 하는 상황도 분명히 존재한다. 이런 상황에서는 상대의 의견에 정중하게 반대해야 한다.

정중하고 우아하게 완곡한 표현을 사용한다고 해서 무조건 상대의 의견에 동의한다는 뜻은 아니며, 우리의 의견을 굽힌다는 의미도 아니다. 물론 협상이나 타협이 필요한 사안이 있을 수도 있지만, 원칙과 신념은 절대로 타협의 대상이 될 수 없다.

필자의 친구인 메리케이 모건은 "아무리 '거친' 협상에서도 우아함과 정중함을 포기해서는 안 된다"고 말했다.

정말이지 옳은 말이다. 필자의 경험에 비추어볼 때, 정중함을 지킬수록 원하는 목적에 가까이 다가갈 수 있다. 배려와 부드러운 표현은 상대의 방어벽을 낮춰준다. 바로 그 순간 변화가 시작되는 것이다.

언제나 원칙을 지키고 우아함과 정중함을 잃지 말자.

뒷문을
열어두라

하루는 필자의 이웃인 테리가 찾아와 말했다. "밥, 밖에 고양이가 있는데 며칠은 굶은 것 같아요." 나가보니 45미터 정도 떨어진 곳에 작은 길고양이가 있었다. 덤불에 몸을 숨기려 애쓰는 그 고양이는 비쩍 마른데다 성이 난 것 같았다.

작은 종이컵에 물을 담아가서 마시게 하려 했지만 고양이는 꼼짝도 하지 않았다. 그런데 물을 놓고 물러나자 잠시 후 고양이가 물을 마시기 시작했다.

필자는 그것을 보고 사료를 조금 가져다주었다. 이번에도 필자가 곁에 있는 동안에는 전혀 입을 대지 않았지만 멀리 떨어지고 나니 가까이 다가가 먹었다.

충분히 가까워지면 언젠가 직접 먹이를 먹여줄 수 있지 않을까 싶었다. 그래서 필자는 사료 그릇을 점점 더 필자의 집 가까이에 놓는 실험을 해 보았다. 고양이는 필자가 너무 가까이 다가가지 않아 퇴로가 확보되는 한 사료를 먹었다. 일주일이 지나고 나서는 현관 밖 테라스에 사료를 놓아보았다. 고양이는 필자가 집안에 있고 테라스 문이 열려 있는 것을 확인하더니 들어와서 먹기 시작했다. 먹는 동안에도 계속해서 문을 확인하려는 듯 뒤를 흘끗거렸다.

다시 일주일이 지나자 이제 고양이는 유리로 된 현관문 안쪽으로 들어와 먹이를 먹기 시작했다. 문이 열려 있는 것만 확인하면 필자가 가까이 서 있어도 사료를 맛있게 먹었다.

필자는 문을 닫아도 고양이가 집안에 머물러줄지 궁금했다. 단, 고양이가 놀라지 않도록 천천히 실험해보고 싶었다. 필자는 이미 그 고양이와 사랑에 빠져 있었고, 집에 들여놓고 키우고 싶었으니까.

필자는 사실 고양이 다루는 법을 전혀 몰랐다. 앞서 언급한 것처럼 동물을 좋아하기는 하지만 고양이보다는 개를 좋아하고(사실 개라면 사족을 못 쓴다), 어린 시절 집에는 늘 키우는 개가 있었다. 그러니 일이 어떻게 될지 전혀 예측할 수도 없었고, 성공할지도 알 수 없었다.

천천히 문을 닫기 시작하자 고양이는 동작을 멈추더니 금방이라도 밖으로 도망갈 것 같은 자세를 취했다. 당황한 필자는 황급히 문을 활짝 열었다. 그러자 고양이는 안심한 듯 다시 먹이를 먹기 시작했다.

몇 번의 시도 끝에 마침내 문을 닫는 데에 성공했고, 고양이도 더 이상 도망가려 하지 않았다. 2년이 지난 지금, 우리는 애정과 신뢰를 바탕으로 훌륭한 동반자 관계를 유지하고 있다. 이제는 직접 먹이나 개박하(catnip, 고양이가 좋아하는 꿀풀과의 여러해살이 풀)를 주기도 하고, 가끔 귀 뒤를 쓰다듬어주기도 한다. 물론 고양이가 그럴만한 기분일 때의 얘기지만 말이다. 이 고양이가 바로 필자가 앞에서도 소개한 리버티다.

이 이야기에서 가장 중요한 교훈은 바로 이것이다. 리버티는 필자의 곁을 떠나고 싶어 하는 것이 아니었다. 그저 떠날 수 있다는 것을 확인하고 싶어 했던 것뿐이다. 빠져나갈 수 있는 '뒷문'이 열려 있는 한, 리버티는 신경 쓰지 않았다.

인간의 경우는 어떨까?

우리가 만나는 잠재 고객, 혹은 설득하려 하는 상대도 리버티와 같다. 그들은 거절 자체를 원하는 것이 아니라 거절할 수 있는 자유, 즉 선택권을 원한다.

"관심을 두실 수도 있고 아닐 수도 있겠네요."

"지금 시간 괜찮으세요? 곤란하시면 다음에 다시 오겠습니다."

"물론 이 물건이 모두에게 꼭 필요한 건 아니에요."

"괜찮으니까 부담 느끼지 마세요."

상대를 굳이 설득하려 들지 않는 이러한 표현들이 오히려 더 큰 효과를 발휘한다. 왜일까?

사람들은 잠재적인 갈등 상황에 놓였을 때에 특정한 방식으로 대응하거나 행동해야 할 것 같은 압박을 느낀다. 이렇게 압박을 느끼게 되면 자기도 모르게 방어적이고 적대적인 구도를 설정하고 만다. 즉, 우리가 이기면 자신이 진다고 생각하는 것이다.

다행히도 이러한 상황을 해결하는 것은 어렵지 않다. 우리는 상대를 설득할 때 그가 결과적으로 우리가 원하는 대로 움직이기를 원하지만, 강요나 조종에 의한 결과를 원하는 것은 아니다. 이를 상대에게 알리는 것이 중요하다. 이런 경우 취할 수 있는 최선의 방법은 상대에게 꼭 그렇게 하지 않아도 된다고 말하는 것이다.

다시 말해, 상대가 빠져나갈 수 있는 비상구(리버티의 경우로 설명하자면 '뒷문')를 열어두는 것이다. 비상구를 열어두면 상대는 감정의 숨통이 트이면서 자신이 처한 상황을 더 편안하게 바라볼 수 있게 된다. 선택권이 있다는 것을 알게 되면서 압박감은 사라지게 되는 것이다.

인간은 본능적으로 강요에 대한 반발심을 느끼지만, 한편으론 선택권이 커질수록 실제로 그것을 행사할 필요를 덜 느끼기도 한다. 다시 말하자면 이렇다.

나갈 수 있는 비상구를 더 크게 열어둘수록 상대는 나가야 할 필요성을 덜 느낀다.

이 법칙은 세일즈에서 자주 활용되지만, 상대를 설득해야 하는 다른 상황에도 적용 가능하다.

한 번은 공항에서 이런 일이 있었다. 필자는 분명히 발권 수수료를 면제받을 수 있다는 이야기를 듣고 갔는데, 발권 직원이 안내 통지서를 찾을 수 없다며 면제할 수 없다고 말했다. 필자는 앞서 소개한 네 가지 법칙과 더불어 완곡한 표현과 공감능력까지, 그야말로 모든 기술을 총동원하여 설득에 나섰다. 필자의 이야기를 들은 직원은 진심으로 도와주려고 애썼다.

그러나 불행하게도 필요한 서류를 찾을 수가 없어서 포기하기 일보 직전이 되었다. 비상구를 열고 압박감을 덜어줘야 할 시점이었다. 그래서 필자는 이렇게 말했다. "아무래도 안 되는 거면 괜찮아요. 이해합니다."

이것은 상대의 비상구를 열어주는 가장 강력한 문장 중 하나다. 압박감을 느끼는 상대의 비상구를 열어주면, 상대는 십중팔구 우리 편으로 넘어오게 되어 있다.

만약 필요하다면 정중하게 "물론 도와주실 수 있다면 정말 감사하겠습니다"라고 덧붙이는 것도 좋다. 여전히 무언가 더 필요하다면 "그래도 이것 때문에 너무 무리하지는 마세요"라고 말할 수도 있다. 대부분의 경우, 앞서 소개한 강력한 한 문장으로도 충분하다.

비상구를 열어 압박감을 덜어주는 행위는 상대에 대한 배려와 존중을 보여준다. 이 같은 행동은 상대를 구석으로 몰아넣고 자존심에 상처를 주는 것보다 훨씬 효과적이다. 또한, 도전의식을 자극해 최선을 다하도록 유도하면서도, 원하는 결과가 나오지 않더라도 상대를 존중하겠다는 모습을 보여준다.

독자 중에서는 우리가 열어준 비상구로 상대가 나가버리면 어떻게 하느냐는 질문을 던지는 이들도 있을 것이다.

아래의 내용을 이해하는 것이 중요하다.

우리가 상대의 비상구를 열어주는 이유는 나가게 하기 위해서가 아니다. 비상구를 열어줌으로써 굳이 나가지 않아도 괜찮다고 생각할 만큼 편안하게 느끼게 하려는 것이다.

물론 상대가 생각 끝에 비상구를 사용하는 것이 최선이라고 느낀다면 그 문을 통하여 나갈 수도 있다. 그러나 그런 상대라면 비상구가 없었어도 방법을 찾아 밖으로 나갔을 것이다. 비상구를 찾을 수 없어 마지못해 우리의 요구를 수락한다면, 오히려 나중에 결정을 번복하거나 약속을 파기하여 상황을 어렵게 만들 수 있다.

선택은 늘 상대방의 손에 맡겨야 한다. 사람은 다른 이의 결정이 아닌 자신의 결정이어야 만족을 느끼기 때문이다.

기억하자. '꼭 그렇게 하지 않아도 괜찮다'고 확실하고 분명하게 말할수록 상대가 우리의 요청대로 행동할 확률이 더 높아진다.

우아하고 효과적인
거절 방법

하기 싫은 일을 해달라는 요청을 받아본 적이 있는가? 이런 경우에도 거절하기가 쉽지 않다. 상대를 실망시키는 게 마음에 걸리고 거절하면 이기적인 사람으로 보일까 봐 두렵지만, 그럼에도 정말이지 거절하고 싶은 일이 있다.

거절 방법에 대하여 다룬 글들을 보면 그냥 과감하게 '싫어요'라고 해도 된다고 말한다. 싫다는 말 한마디로도 충분하니 뭐라고 말할지 굳이 고민할 필요가 없다고 조언하는 이들도 많다. 실제로 필자가 참석한 어느 세미나에서도 이러한 거절 방법을 소개했고, 참가자 중에서 고개를 끄덕이며 동의하는 사람이 꽤 되었다. 물론 이러한 조언을 들으면 일시적으로나마 우리가 강해졌다고 느낄 수 있다. 그러나 거절은, 특히나 이런 식의 단호한 거절은 말처럼 쉽지 않다.

게다가 밑도 끝도 없이 단칼에 거절하면 상대의 기분을 상하게 해서 다양한 기회의 문을 닫아버리는 꼴이 된다. 이는 타인에 대한 배려를 중요시하는 우리의 핵심 가치에도 어긋난다.

애초에 거절을 잘 못 하는 사람이 이런 식으로 거절하는 것은 거의 불가능한 일이다. 그렇다면 어떻게 해야 할까? 다행히도 방법이 있다. 부드럽고 완곡한 표현과 사교적인 능력을 발휘하면, 상대의 기분을 상하게 하지 않으면서도 충분히 거절할 수 있다.

정확히 어떻게 해야 할까?

별로 할 생각이 없는 위원회 직책에 상대방이 우리를 추천했다고 생각해보자. 그럴 때에는 간단히 이렇게 말하면 된다. "이렇게 친절하게 추천해주셔서 감사합니다. 정말 죄송하지만, 제가 맡고 싶은 직책이 아니에요. 그래도 저를 떠올려주셨다니 정말 영광입니다."

물론 상황이나 취향에 따라 '맡고 싶은 직책'이라는 말 대신 '제가 해보고 싶은'이라는 말로 대체 할 수도 있고, '영광입니다'라는 말 대신 '고맙습니다'라고 할 수도 있다.

핵심은 방어적인 태도 없이 상대에 대한 감사와 배려를 담아 말하는 것이다.

그리고 또 한 가지 중요한 것이 있다.

핑계는 금물!

거절 시에 핑계를 대는 것은 절대 금물이다.

이런 상황에서는 본능적으로 '시간이 없어서'라거나 '자격이 부족해서' 등의 핑계를 늘어놓고 싶은 충동을 느끼기 마련이다. 그러나 핑계를 대면 상대는 그 핑계에 대한 설득에 들어갈 것이다. 그렇게 대화를 진행하다 우리가 말한 핑계가 설득력을 잃게 되면, 거짓말을 한 사실을 들키고 싶지 않아서 직책을 맡게 되거나, 사실은 거짓말을 했다고 인정해야 하는 상황에 몰리게 된다. 거짓말이 들통 나서 체면을 구기고, 상대의 불만을 사고, 상황을 원망하다 보면 결국 자괴감까지 느끼게 된다.

굳이 핑계를 대며 상황을 복잡하게 만들 필요가 없다. 그저 진심 어린 미소를 지으며 앞에서 소개한 대로 단순하게 거절하면 문제는 해결된다.

과연 이런 식의 거절이 매번 효과를 발휘할까? 사실대로 말하자면 그렇다. 상대에 대한 감사의 마음을 보이며 정중한 태도를 유지하기만 한다면 매번 성공적으로 거절할 수 있을 것이다.

그런데도 상대가 물러나지 않고 "에이, 그러지 말고 맡아주세요"라거나 "제발 맡아주세요. 당신이 적임자에요"라고 말한다면 어떻게 해야 할까? 이런 경우에도 마찬가지로 진심 어린 미소와 함께 "안 맡는 게 좋을 것 같아요. 하지만 저를 고려해주셔서 정말 감사해요"라고 말하면 된다.

이러한 거절 태도는 정중하고 겸손하면서도 상대에 대한 고마움을 보여준다. 상대방은 당신이 그 직책을 맡지 않으리란 것을 깨달을 테지만, 그래도 기분이 상하지는 않을 것이다.

이런 식의 거절을 거듭하다 보면, 주변 사람들도 아무리 강요하거나 죄책감이 들게 만들어도 소용없다는 사실을 점차 깨닫게 된다. 이렇게 되면 그 뒤로는 한 번 거절하는 것만으로 충분하다.

물론 상대방의 요청을 어쩔 수 없이 수락해야 하는 상황도 많다. 그러나 거절이 필요한 순간에 확실하게 거절할 수 있다면, 수락이 필요한 순간에 더욱 흔쾌히 수락할 수 있을 것이다.

그리고 수락한 일은 더욱 효과적으로 해낼 수 있을 것이다.

휘둘리지 마라

책의 앞부분에서 언급했듯이 항상 상대를 배려하고 존중하면서 정중한 태도를 유지하는 것은 중요하다. 하지만 그렇다고 해서 상대가 우리를 이용하는 것을 용납해도 괜찮다는 뜻은 절대로 아니다.

우리가 상대에게 공정하고 윤리적으로 대하며 상대를 존중하는 만큼, 상대 또한 우리에게 같은 태도를 보이도록 도와야 한다. 이것은 우리의 몫이다.

그런데 상대방이 우리의 이런 철학에 부합되지 않는 사람이라면 어떻게 해야 할까? 혹자는 "그런 사람이나 기업과는 거래를 안 하면 되지"라고 말할 수도 있다. 물론 그것도 방법이기는 하다. 그러나 함께 일할 상대를 우리가 마음대로 고를 수는 없는 게 현실이다.

따라서 대부분의 사람은 주어진 환경 안에서 해결책을 찾아야 한다. 만약 상대방이나 상대 회사가 정직하지 못한 행위나 위법 행위를 하고, 다른 사람들을 교활하게 이용한다면 당연히 함께 일해서는 안 된다. 여기에서 말하는 경우는 이와는 다르다.

이는 개인적인 성장에도 도움이 된다. 어차피 사람은 쉽게 변하지 않으므로 이들을 배움과 성장의 기회로 삼는 것도 좋은 방법이다.

무례하거나 정직하지 못한 사람에게 대처하는 세 가지 방법은 다음과 같다.

1. 평소의 내 모습을 유지하라. 상대에게 휘둘리지 말고 평소의 생각과 행동, 진실성을 유지하는 것이 중요하다. 정중함, 양심, 정직한 태도 또한 잃지 말아야 한다. 스티븐 코비 박사는 '윈-윈 아니면 무거래'라는 원칙을 외쳤다. 상대는 이 원칙의 가치를 모를 수도 있지만, 우리는 이 원칙을 지켜야 한다.

2. 해가 될 만한 일은 거부하라. 상대가 우리에게 최선이 아닌 선택을 강요하려 한다면 정중하고 완곡하게 거절하라. 이때 화를 내는 것은 금물이다. 이 책에서 지금까지 배운 언어와 프레임, 표현을 활용하라.

3. 경계를 늦추지 마라. 어떤 이유에서든 상대를 믿지 못하겠다는

느낌이 들면 신뢰를 거둬라. 우리가 신뢰하지 않는다는 것을 굳이 상대에게 알릴 필요는 없지만, 이런 행동이 필요한 경우도 있다. 이에 대한 판단은 스스로 하되, 만약 상대에게 알리기로 결정했다면 완곡하고 전략적인 표현을 사용하라.

상대에 대한 불신을 완곡하게 알리는 법

상대의 요구가 부적절하거나 부당하게 느껴진다면 "저는 그 일이 불편합니다"와 같은 '나 전달법'을 사용하여 상대에게 알리는 것이 좋다. 이러한 전달법을 사용하면 불필요한 대립을 피할 수 있다.

이렇게 말하는 것도 가능하다. "존, 당신의 제안이 기쁘긴 하지만 유감스럽게도 당신은 양쪽이 모두 승리할 수 있는 윈-윈 관계에는 별로 관심이 없는 것 같네요." 상대는 우리가 하고자 하는 말을 바로 알아들을 테지만, 정중하게 표현했으므로 서로 기분 나쁜 일이 발생할 확률은 줄어들 것이다.

인생을 살아가다 보면 다양한 사람들을 만나게 된다. 그렇기 때문에 우리는 다양한 적을 협력자로 만들 수 있는 법을 배워야 한다. 상대를 우리의 수준으로 끌어올릴 수 있다면 좋겠지만, 그럴 수 없는 경우도 있다. 만약 불가능하다면 위의 대응방법을 통하여 우리 자신과 우리의 명성을 지켜야 한다.

거절할 때에도
문은 열어두라

물건을 사기 위해 세일즈맨을 만났는데 가격이나 조건이 맞지 않아서 거절해야 하는 상황에 처했다고 상상해보자. 어떻게 하면 상대의 기분이 상하지 않게 거절할 수 있을까? 또, 어떻게 하면 대화나 협상의 여지를 남겨둘 수 있을까?

세일즈맨에게도 정중한 거절은 중요하다. 모든 사람을 존중하고 정중하게 대하는 것은 기본 중의 기본이기 때문이다. 또, 앞서 논의한 바와 같이 우리가 원하는 것을 얻는 가장 효과적인 방법은 상대방이 자신에게, 그리고 우리에게 좋은 감정을 품게 하는 것이다.

인간은 자존심이 개입되면 언제나 감정적인 결정을 내린다. 자존심에 상처를 받은 상황에서는 이를 회복하기 위하여 자신의 이익을 버리는 선택을 하기도 한다. 이는 세일즈맨도 마찬가지다.

세일즈맨들에게 거래 성사가 중요하기는 하지만, 그것이 자존심을 버리고 상대의 모욕을 참을 만큼 중요한 일은 아니다.

일부는 무례하고 비생산적인 방법으로 거절을 표할 수도 있다. 예를 들어 이렇게 말하는 것이다. "그 가격은 너무 비싸군요. 이 가격에 주세요. 아니면 안 사요." 이런 식의 거절은 상대의 비상구, 혹은 뒷문(제50장 참고)을 막고 선택을 강요한다. 이렇게 되면 구석에 몰린 상대는 제안을 받아들이거나 거래를 놓치거나 둘 중 하나를 억지로 선택해야 한다.

물론 기분 좋은 거절도 가능하다. 조금만 신경을 쓰면 상대가 민망하지 않게 거절할 수 있으며, 상대에게서 더 좋은 조건을 이끌어낼 수 있다.

아래 예시를 함께 살펴보자.

세일즈맨 스티브 : "기기의 가격은 이렇습니다. 배송은 2주 후에 받아보실 수 있습니다."

고객 : "고마워요, 스티브. 좋은 제안 감사합니다. 그런데 가격도 그렇고, 배송 시간도 너무 길어서 저로서는 구매가 어려울 것 같습니다. 어쨌든 제안은 정말 감사드립니다."

대화 속의 고객은 완곡하고 부드러운 표현으로 거절하고 있다. 상대의 제안에 대한 고마움을 표했고, 물건을 살 수 없는 이유를 말할 때에도 '나 전달법'을 적절히 활용했다. (우아한 거절과는 달리,

이러한 경우에는 반드시 상대에게 구체적인 이유를 알려주어야 한다. 그래야만 필요한 경우, 상대가 우리에게 추가적인 정보를 줄 수 있기 때문이다.) 그리고 마지막으로 상대에게 다시 한 번 감사를 표했다.

이로써 고객은 정중하면서도 친절하게 스티브의 제안을 거절했고, 그 과정에서 스티브의 자존심을 전혀 건드리지 않았다. 이런 고객이야말로 모든 세일즈맨이 원하는 고객이다. 이제 스티브는 고객에게 원하는 가격이나 배송 시간이 있는지 물을 것이다.

만약 스티브가 새로운 제안을 내놓지 않는다면 고객은 어떻게 해야 할까? 이럴 때에 활용할 수 있는 매우 간단하고 정중한 질문이 있다.

만약 몇 초를 기다려도 스티브가 아무 말 없다면 (그리고 그 물건이 정말 사고 싶은 것이라면) 이렇게 물으면 된다. "스티브, 제가 이 물건을 구매할 수 있게 도와주세요. 제시할 수 있는 다른 조건은 없나요?"

고객의 질문을 받은 스티브는 적절한 답변을 내놓을 것이다.

새로운 조건이 이전 제안보다 더 나을 수도 있고 그렇지 않을 수도 있다. 또 스티브로서는 더 이상의 조정이 불가능할 수도 있다. 그럼 이제 선택은 고객의 손에 달렸다.

이때 단순한 거절 대신 '저로서는 구매가 어려운 조건'이라고 말하는 접근법을 활용하면, 대부분의 세일즈맨은 우리가 구매할 수 있는 조건을 만들어주기 위하여 최선을 다할 것이다.

CHAPTER

54

끼어들기에
대처하기

시도 때도 없이 끼어드는 사람과 토론해본 적이 있는가? 그런 경험이 있다면 그 어려움에 충분히 공감할 것이다. 이런 사람들은 자신의 주장에만 너무 집중한 나머지, 상대방이 주장을 펼치는 중간에 조금이라도 동의하지 않는 내용이 나오면 말을 자르고 끼어든다.

서로의 말꼬리를 잡고 갑론을박하다 보면 단순한 의견대립에서 시작된 토론은 어느새 고성이 오가는 싸움이 되고 만다. 결과는 어떻게 될까? 결국 양쪽 모두 서로의 주장을 제대로 펼치지도, 듣지도 못한 채 악감정만 쌓이게 될 것이다. 그리고 다음번에 다시 토론이 벌어진다고 해도, 상대를 설득하기가 더욱 어려워질 것이다.

자칫하면 큰 갈등으로 이어질 수 있는 이런 까다로운 상황에는 어떻게 대처해야 하는 걸까?

상대방이 수차례 우리의 말을 방해했을 때 쓸 수 있는 방법이 있다. 이 방법은 상대가 질문을 던지고 나서 대답을 자르려고 할 때에 특히 효과적이다.

우선, 끼어든 상대방이 말을 마칠 때까지 기다린다. 그리고는 침착하고 정중하게 "데이브, 이 주제에 그렇게 열렬한 관심을 보여줘서 고마워요. 하지만 당신이 던진 질문에 답을 하려는데 자꾸 제 말을 방해하는 건 우리 둘 모두에게 유익하지 않을 것 같아요."

즉, 상대가 끼어들기 전에 하고 있던 말을 계속 이어가지 않고, 새로 시작하는 것이다. 이로써 우리는 상대에게 토론을 계속 이어가고 싶다면 우리가 말하는 동안 끼어들지 말고 들어야 한다는 규칙을 암시적으로 알려줄 수 있다.

눈치챈 독자도 있겠지만, 위의 말은 대화의 프레임을 재설정하는 역할도 한다.

두 번째 방법은 상대가 끼어들면 말을 멈추고 상대의 말이 끝날 때까지 기다리는 것이다. 상대의 말이 끝나면 부정적인 감정 표현 없이 (이것이 가장 중요하다) 원래 하던 말을 이어가면 된다. 이러한 행동을 몇 번 반복하다 보면 상대도 우리의 메시지를 알아들을 수 있을 것이다. 더 이상의 방해는 거부하겠다고 정중하게 표현한 것이다.

세 번째 방법은 끊임없이 질문을 퍼부으며 끼어드는 상대에게 활용할 수 있다. 우선 말하는 중에 상대가 질문하면 "일단 하던 말부터 끝낼까요? 아니면 방금 하신 질문에 대한 답부터 드릴까요?"라고 말한다. 그런 다음 멋쩍은 표정으로 미소를 지으며 바로 이렇게 덧붙이면 된다. "사실 제가 모든 정보를 다 기억할 만큼 똑똑하지가 않아서 질문은 한 번에 한 가지씩만 답할 수 있어요."

가끔은 우리의 주장을 전혀 듣고 싶어 하지 않는 상대를 만날 수 있다. 이런 사람들은 이미 자신의 의견이 옳다는 결론을 내렸으므로 우리의 주장을 들어봤자 헷갈리기만 한다고 생각한다. 이들은 마치 법정에 선 검사처럼 우리의 실수를 기다리다가 맹공을 퍼붓는다.

이런 경우에는 더욱 침착하게 또박또박 우리의 주장을 전개하는 것이 좋다. 상대에게 '나 전달법'을 활용한 질문을 던지는 것도 방법이다. "데이브, 이 사안에 대한 제 주장에 관심이 있는 건가요? 사실 제가 보기에 당신은 이미 마음을 굳힌 것 같아요. 혹시 제게 묻고 싶은 사항은 없나요? 저도 당신의 의견에서 배우고 싶은 것이 많지만, 제 의견도 알려 드리고 싶어요."

핵심은 반응이 아닌 대응을 하는 것이다. 말을 하기 전 우선 자신에게 질문을 던지고 생각해보자. '내가 이 대화를 통하여 얻고자 하는 결과는 무엇인가?' '상대방이 원하는 것은 무엇인가?' 이 질문에 스스로 답하다 보면, 어떻게 해야 할지 적절한 행동이 떠오를 것이다.

상대는 우리의 기분을 상하게 하려는 것이 아니라 그저 자신의 의견에 도취된 것이라는 점을 기억하고 상대를 존중하는 태도를 잃지 말자. 이러한 태도는 결과에 대한 집착을 줄여주어 상대와의 토론을 즐기며 더욱 효과적으로 행동할 수 있게 해줄 것이다.

또 하나 중요한 것은, 상대가 끼어든다고 해서 우리도 똑같이 행동해서는 안 된다는 점이다. 상대의 말을 방해하는 사람은 상대에게 영향력을 행사할 수 없다. 그러니 최고의 영향력을 얻고 싶은 독자 중에 남의 말에 끼어드는 버릇이 있는 사람이 있다면 지금 당장 버리자.

필자 또한 꽤나 오랫동안 그런 습관으로 고생했는데, 그 부정적인 영향을 깨닫게 된 이후 습관을 버리려 부단히 노력해왔다.

습관을 깨려면 어떻게 해야 할까? 목표를 확실히 하고, 정신을 집중하고, 수많은 연습을 거치면 된다.

필자는 대화 중에 상대방의 말에 끼어들지 않는 것을 일차적인 목표로 삼았다. 이 목표를 잊지 않으려고 접착식 메모지에 적어서 휴대폰, 집 안 구석구석, 컴퓨터, 그 외에 눈에 띌만한 곳에 모두 붙여놓았다.

물론 성공도 실패도 있었지만, 놀랍게도 대화 중 상대의 말에 끼어드는 횟수는 눈에 띄게 줄어갔다.

이제 그런 습관은 거의 사라졌지만, 아직도 가끔은 남의 말에 끼어들 때가 있다. 과거와 달라진 점이 있다면, 필자가 바로 이를 깨닫고 상대에게 사과할 수 있게 되었다는 점이다. 이렇게 실수를 인정함으로써 상대에 대한 존중을 표현할 수 있다. 또한 이미 한

번 실수하고 사과했으므로 이어지는 대화에서 상대의 말에 다시 끼어드는 것을 막을 수 있다.

끼어드는 습관을 고치고 싶다면 한번 시도해볼 만한 방법이다. 이런 습관은 우리의 리더십, 영향력, 설득력, 효과적인 의사소통 능력을 저해한다. 방해를 받은 상대는 분노, 좌절, 짜증 등을 느끼게 되어 우리의 의견에 귀 기울일 확률이 낮아진다. 즉 호감을 사기가 어려워지는 것이다.

남의 말에 끼어드는 습관을 고칠 수 있다면, 사람들은 우리의 경청 능력을 높이 살 것이다. 필자는 남의 말을 잘 들어준다는 칭찬을 들은 적이 거의 없었는데, 이 비생산적인 습관을 없애고 나서부터는 종종 듣고 있다.

CHAPTER

55

벤저민 프랭클린식
호감법

발명가, 정치인, 외교관으로서의 삶을 산 벤저민 프랭클린은 자신
의 인생을 기록한 《프랭클린 자서전》에서 펜실베이니아 의회 서
기직 재선출에 반대한 한 의원과의 일화를 소개했다.

결국 그는 서기직을 지켜내기는 했지만, '훗날 의회에서 막대한
영향력을 행사할 수 있을 만한 재력과 학식, 재능을 갖춘 인물'이
라고 묘사한 그 의원 때문에 나중에 곤란을 겪게 될지도 모른다
고 판단했다. 프랭클린은 이를 방지하기 위하여 그 의원을 '적에
서 친구로' 만들었다.

그 방법은 아래 자서전의 내용을 통하여 직접 확인해보자.

나는 그의 환심을 사기 위하여 아첨하지 않고 다른 방법을 택했다.
그 의원의 서재에 매우 진귀한 책이 한 권 있다는 소문을 듣고 그

에게 책을 며칠간 빌려보고 싶다는 서한을 보낸 것이다.

그는 즉시 책을 빌려주었고, 나는 일주일 뒤 책을 돌려주며 감사하다는 서한을 함께 보냈다. 그로부터 얼마 후, 의회에서 마주치면 늘 모른 체하던 그가 처음으로 나에게 정중하게 말을 걸었다. 그 후로 그는 모든 일에서 협조를 아끼지 않았고, 우리의 우정은 그가 세상을 뜬 날까지 계속되었다.

'점잖은 벤(Gentle Ben)'이라는 별명으로도 유명한 프랭클린은 다음과 같이 덧붙였다.

이 일은 '당신이 친절을 베푼 사람보다, 당신에게 한 번이라도 친절을 베푼 적 있는 사람이 또 다른 친절을 베풀 것이다'라는 옛말이 옳다는 것을 증명했다. 또한, 적대적인 관계를 곱씹으며 원망하고 상대에게 앙갚음하는 관계를 지속하기보다는 신중한 방식으로 풀어가는 것이 훨씬 이롭다는 사실을 보여준다.

그렇다. 대부분의 사람은 직관적으로 자신에게 적대적으로 대하는 사람에게 먼저 손을 내밀고 잘 해주면 관계가 회복될 수 있다고 생각한다. 물론 이러한 방법도 효과적이다. 그러나 프랭클린의 인상적인 일화는 정반대의 접근법 또한 훌륭한 결과를 가져올 수 있다는 점을 보여준다.

상대를 능숙하고 요령 있게 설득하려면 어떤 말을 하고 어떤 표현을 쓰는지도 물론 중요하다. 그러나 관건은 상대의 태도, 생각, 감정을 바꾸기 위하여 가장 효과적인 방법이 무엇인지 알아내는 것이다.

그런 의미에서 위에 소개한 프랭클린의 마지막 문장은 진실 그자체다. 요약하자면, 상대와 적으로 지내느니 친구가 되는 것이 낫다는 것이다.

이는 필자가 재차 강조한 "적을 협력자로 만들라"는 말과도 일맥상통한다.

56

벤저민 프랭클린식
소통법

상대를 설득하기에 앞서 대화를 부드럽게 만들어주는 '여는 말'에 대해서는 이미 소개한 바 있다.

이와 관련하여 알아두어야 할 것이 있다. 상대를 설득하거나 상대에게 영향력을 행사하려면 독단적이고 아는 체하는 태도보다는 겸손하고 상대의 감정과 의견을 존중하는 태도를 보여야 한다는 점이다.

이러한 태도의 중요성은 벤저민 프랭클린의 자서전에 등장하는 또 다른 일화가 잘 보여주고 있다.

사실 프랭클린은 논리력만으로도 거의 대부분의 적을 굴복시킬 수 있었다. 그러나 그는 자신의 그러한 행동이 상대의 반감을 산다는 사실을 깨달았다. 논리력으로 상대를 이해시킬 수는 있지만 설득할 수는 없다. 굴복당한 상대는 무시당하고 모욕당했다는 기분을 느끼게 되고, 자존심 때문에 패배를 인정하거나 의견을 바꾸는 것을 용납하지 않기 때문이다.

프랭클린은 이에 관하여 아래와 같이 말했다.

나는 의견 차이를 되도록 작게 표시하는 습관만을 남겨둔 채 나머지 논쟁 습관을 서서히 고쳐나갔다. 우선 이견이 있을 수도 있는 사안에 대하여 이야기할 때에는 절대로 '확실히'나 '의심의 여지 없이' 등의 단정적인 표현을 쓰지 않았다. 그보다는 '제가 보기에는 그렇군요', '그럴 수도 있다는 생각이 듭니다', '이러이러한 이유로 그런 생각이 드는군요', '제 생각에는 그럴 수 있을 것 같군요', '제가 잘못 알고 있는 것이 아니라면 그럴 겁니다' 등의 표현을 사용했다. 이러한 습관이 상대에게 내 의견을 받아들이게 하거나, 내가 참여하는 일에서 사람들을 설득할 때에 매우 유리하게 작용했다고 생각한다.

훌륭한 외교관이기도 했던 프랭클린의 자서전에서 배울 수 있는 또 다른 교훈은 바로 겸손하고 요령 있는 의사소통의 중요성이다.

'확실한 사실'은 그저 '나의 의견'일 뿐이다

필자는 '단정적인 표현'을 삼갔다는 프랭클린의 일화에서 많은 것을 배웠다. 사실 필자 자신도 그런 표현을 자주 사용했다. 최근에는 전화 통화를 하던 중 의견을 밝히기도 전에 "확실한 사실은 말입니다"라고 말한 적도 있다.

필자는 그 말을 내뱉고 나서 세 가지 사실을 깨달았다.

1. 필자가 상대에게 하려는 말은 필자의 의견이었을 뿐 사실에 대한 진술이 아니었다.
2. 설령 필자의 의견이 옳았다고 하더라도, 저런 식의 표현은 상대의 반감만 살 뿐 설득에는 도움이 되지 않을 것이다.
3. (필자의 의견이기는 하지만) 저런 식의 표현을 자주 사용하는 사람은 대부분 부정확한 말을 한다.

그러므로 설득력 있는 태도로 상대에게 영향을 주고 싶다면 벤저민 프랭클린식의 소통법을 활용해보자. '확실한 사실은'이라는 말 대신 '내 의견은'이라는 표현으로 말문을 여는 것이다.

물론 이 또한 그저 '필자의 의견'이기는 하다.

CHAPTER

57

모든 것은
타이밍이다

필자는 블로그나 다른 저서, 혹은 강연에서 "말을 할 때에는 적절한 내용과 적절한 상대가 중요하다"고 늘 강조해왔다. 세일즈를 예로 들자면, 아무리 효과적인 설득 기술을 총동원해도 상대에게 구입 권한이 없으면 모든 것이 말짱 도루묵이다. 이는 인생의 다른 영역에서도 마찬가지다.

여기서 놓치기 쉬운 또 다른 요소가 있다. 바로 타이밍, 즉 적절한 시기다.

적절한 상대에게 적절한 내용을 말하는 것도 중요하지만, 적절한 시기에 말하는 것도 그에 못지않게 중요하다.

아래의 상황은 대화를 시작하기에 적절하지 않은 타이밍이다.

• 상대방이 다른 사람과 대화 중이라면 우리가 갑자기 끼어들어

말을 꺼내는 것을 달가워하지 않을 것이다.

- 조금 전 까다로운 대화를 마친 사람이 지친 표정으로 앉아있다.
  이런 경우, 별로 타인을 돕고 싶은 기분은 아닐 것이다.
- 주변이 시끄럽다.
- 긴 대화가 필요한 주제인데 주어진 시간이 별로 없다.

대화의 타이밍은 중요하다. 적절한 시기가 아닌 것 같고, 나중에 논의해도 되는 사항이라면 상대와 시간 약속을 정하면 된다. 그러나 만약 당장 대화가 필요한 사안이라면 시기가 적절하지 못한 것에 대하여 상대에게 미리 양해를 구해야 한다. 타이밍이 좋지 않은 것은 알고 있지만 시급한 사안이어서 어쩔 수 없다고 말이다.

그런 다음, 이 책에 소개된 정보를 활용하여 적절한 내용으로 대화를 진행하면 된다.

중요한 대화를 하기 전에는 상대가 충분한 시간을 투자할 수 있는지 미리 확인해야 한다. 한 발짝 더 나아가, 아래의 상황을 확인할 수 있다면 더욱 좋다.

중요한 대화를 하기 전에는 대화 참가자 모두가 충분한 시간과 의지가 있는지 확인해야 한다.

어찌 보면 단순하고 당연한 말이지만 간과할 경우 곤란한 상황이 발생할 수도 있으니 늘 명심하자.

직장 상사인 톰에게 중요한 이야기를 해야 하는 다음 상황을 함께 살펴보자.

나 : "혹시 시간 괜찮으세요? 긴히 말씀드릴 게 있습니다."

톰 : "지금은 잠시 짬이 있지만 곧 나가봐야 하네. 무슨 일인데 그러나?"

나 : "아, 그럼 나중에 시간 되실 때 말씀드릴게요."

톰 : "아니, 괜찮으니까 말해보게. 무슨 일인가?"

당신은 상사가 들을 준비가 되었다고 확신해서 이야기를 시작한다. 하지만 상사는 계속 손목시계를 보고, 별 관심 없이 듣다가 서류를 뒤적인다. 결국 그는 무슨 얘기인지 대충 알겠다며 만족스럽지 않은 답변만 남긴 채 급하게 자리를 뜬다.

그러나 얼핏 봐도 상사는 당신의 이야기를 제대로 듣지 않았고, 대화는 그저 수박 겉핥기로 끝나버렸다. 이런 경우, 대화를 통하여 얻고자 했던 것은 얻지 못할 확률이 높다.

대화를 시작하기 전에는 상대에게 시간이 충분히 있는지 반드시 확인해야 한다. 이는 가족회의, 사랑하는 사람과의 진지한 대화, 직장 상사와의 진지한 대화, 직원회의, 잠재 고객과의 면담 등 모든 경우에 마찬가지다.

대화나 회의가 시작되기 전 모든 참석자가 미리 동의한 시간

동안 전 과정에 참여할 수 있는지 반드시 확인해야 한다.

그렇다면 어떻게 해야 필요한 시간에 대한 동의를 정중하게 이끌어낼 수 있을까?

1. 직접 요청하라. 가족회의나 여타 그룹이 모이는 회의라면 참가자들에게 이렇게 물으면 된다. "함께 모여서 이러이러한 사안을 논의하고 싶은데, 시간은 45분쯤 걸릴 것 같아요. 다른 일에 신경 쓰지 않고 그 정도 시간을 낼 수 있나요?"
    상대가 직장 상사라면 이런 접근이 좋다. "팀장님, 상의 드리고 싶은 사안이 있는데, 15분 정도만 내어주실 수 있나요? 그 정도 시간이면 충분할 것 같습니다."

2. 융통성을 발휘하라. 그렇다면 상사가 이렇게 답할 경우, 어떻게 해야 할까? "다음 회의 들어가기 전에 잠시 짬이 있는데, 지금 얘기하면 어떻겠나? 무슨 일인지는 모르지만 내가 도와줄 수 있을 것 같은데."

바로 여기에서 적절한 대응 요령이 필요하다.

나 : "말씀은 정말 감사합니다, 팀장님. 하지만 제 생각에 족히 15분은 걸릴 사안이라서 지금은 곤란할 것 같습니다. 여유가 되시는 때로 다시 시간을 잡아서 말씀드리겠습니다."

팀장 : "정말 괜찮다니까. 지금 얘기해보게."

나 : "정말 감사합니다. 그런데 1, 2분으로는 부족한 사안이어서요, 굳이 지금 팀장님 시간을 빼앗을 필요는 없을 것 같습니다. 언제쯤 시간이 되실지 알려주시면 제가 팀장님 비서에게 말해서 약속을 잡겠습니다."

위의 대화를 살펴보면, '나 전달법'의 활용이 두드러지는 것을 알 수 있다. 상사의 시간이 필요한 것은 부하직원인 당신이므로 '나 전달법'을 사용하여 원하는 시간을 찾을 책임을 자신에게 놓는 것이다. '너 전달법'을 사용할 경우, 상대는 방어적으로 나오며 계속 '지금' 대화를 진행하자고 우길 수도 있다.

앞서 소개한 우아한 거절법과 마찬가지로, 상대를 존중하면서도 소신을 잃지 않고 원하는 것을 얻어내야 한다.

효과적인 대화를 위하여 충분한 시간이 필요할 때에는 이 방법을 꼭 활용하자. 충분한 시간을 확보하지 못하면 의도한 결과를 이끌어내기 어렵다. 그런 상황에서 어설프게 대화를 나눠봤자 차라리 안 하느니만 못하다.

위의 사항을 늘 명심한다면 상대와의 대화에 필요한 시간을 정중하면서도 요령 있게 얻어낼 수 있을 것이다.

사람들을
편안하게 하라

혹시 대화 중 당신의 이름을 기억해내지 못해서 난처해하는 상대를 만난 적이 있는가? 상대의 불편한 마음이 느껴졌는가? 만약 그런 경험이 있다면 어떻게 대처했는가? 넌지시 다시 자기소개를 하며 이름을 알려줘서 상대를 곤경에서 구해줬는가? 아니면 계속 불편해하도록 내버려 두었는가?

당신의 대응에 따라서 당신에 대한 상대의 호감도는 달라졌을 것이다. 알게 된 지 얼마 되지 않은 사람을 다시 만났을 때에는 상대가 우리의 이름을 기억한다는 확신이 들 때까지 (혹은 상대편에서 우리의 이름을 먼저 부를 때까지) 자신을 다시 한번 소개하는 습관을 들이는 것이 좋다. 이는 결코 해 될 것이 없는 습관이며, 상대와의 현재 관계는 물론이고 향후의 관계에도 긍정적으로 작용한다.

전화통화 시에도 마찬가지다. 필자에게 전화를 거는 사람 중에

간혹 자신이 누구인지 밝히지도 않고 대뜸 "여보세요, 밥이죠? 잘 지냈어요?"라고만 하는 이들이 있다. 그러면 필자도 상대가 민망해하거나 무시당했다고 느낄까 봐 그냥 "그럼요, 잘 지내세요?"라고 대화를 이어가지만, 몇 분 동안은 상대가 누구인지 파악하기 위해 안간힘을 써야 한다.

필자는 전화를 걸 때 늘 "안녕하세요, 밥 버그입니다"라고 자신을 소개한다. 상대가 필자의 목소리를 알아듣고 이제 소개하지 않아도 된다고 할 때까지 늘 같은 방식으로 전화를 거는데, 상대도 늘 고맙게 생각해준다.

고백하자면, 한 번은 이 습관 때문에 웃지 못할 에피소드가 생기기도 했다. 필자는 그날도 여느 때와 같이 상대가 전화를 받자마자 "안녕하세요, 밥 버그입니다"라고 말했다. 그러자 상대는 웃으며 "밥, 지금쯤이면 목소리를 알아들을 것 같지 않아요? 우리 3개월이나 사귄 사이라고요"라고 답했다. 적당한 선에서 멈추지 못해서 한 실수였다.

이미 만난 적이 있는 상대에게 자신을 다시 소개하려면 어색할 수도 있겠지만, 상대의 입장에서는 우리의 배려를 높게 살 수도 있다. 어쨌든 우리가 누구인지 기억하지 못해서 곤란해진 상대가 부정적인 감정을 느끼게 되는 것보다는 더 나은 선택임이 분명하다.

그렇다면 굳이 이 쉬운 일을 피할 이유가 없지 않을까?

이는 최고의 영향력에 한 걸음 더 다가갈 수 있는 작지만 작지 않은 노력이다.

정중하게
받을 돈 받기

사람들은 대부분 돈 이야기를 불편해한다. 또한 어려서부터 가깝지 않은 사람들과 돈 이야기를 하는 것은 피해야 한다고 배우기도 한다.

실제로도 부적절한 돈 얘기는 사람들을 멀어지게 한다. 늘 돈이 없다고 신세 한탄을 하는 사람이나, 호화로운 휴가와 쇼핑 얘기를 하며 돈 자랑을 하는 사람 때문에 불편했던 경험이 모두 한 번씩은 있을 것이다.

그런데 어쩔 수 없이 돈 이야기를 해야 하는 상황도 있다. 상대가 돈을 빌리고 깜빡하거나 제때 갚지 않는 경우에는 어쩔 수가 없다. 자기 몫의 집세를 깜빡한 룸메이트, 생활비를 빌려 가더니 감감무소식인 친구, 결제 기한을 넘긴 단골손님 등 상황은 다양하다. 그리고 그 순간 우리는 딜레마에 빠진다. 어떻게 해야 상대의 감정이 상하지 않게, 그리고 지금까지 쌓아온 관계가 깨지지 않게 하면서도 돈을 받을 수 있을까?

대부분의 경우 단순히 사실을 일깨워주는 것만으로도 충분하다. "샐리, 혹시 내일까지 집세 줄 수 있어? 이번 주말까지 집주인에게 부치기로 했거든"이라고 말이다.

하지만 더 까다로운 상황은 어떻게 다뤄야 할까? 예를 들어 대금 결제가 늦는 고객에게 돈 이야기를 하기는 쉽지 않다. 불편한 갈등으로 이어질 수 있기 때문이다.

단순히 깜빡하거나 처음으로 결제 기한을 넘긴 고객 이야기를 하는 것이 아니다. 이런 경우에는 전화로 정중하게 얘기하면 대부분 해결된다.

그러나 말로는 곧 결제하겠다고 하며 차일피일 미루는 고객의 경우에는 어떻게 해야 할까? 수표를 우편으로 보냈다는데 찾아볼 수 없는 경우에는 어떻게 해야 하는 걸까?

상대가 이런 식으로 나오면 아래와 같은 불길한 예감이 들 수밖에 없다.

1. 이미 상대에게 서비스를 제공하거나 물건을 납품했는데 돈을 떼일 수도 있다.
2. 돈을 받아내려면 상대를 위협하거나 회유하고, 관계를 망칠 수 있는 다른 방법을 동원해야 할지도 모르므로 앞으로 거래가 끊길 수도 있다.

혹자는 두 번째 경우에 대해서 "그런 상대와는 함께 일하지 않는 게 더 좋지 않느냐"고 질문할 수도 있다. 물론 그래도 된다면야 연을 끊을 수도 있겠지만, 상대와의 사업을 유지해야 하는 경우도 있다. 그렇다면 어떻게 해야 돈도 받고 관계도 유지하면서 상황의 반복을 막을 수 있을까?

상대에게서 효과적이면서도 요령 있고 정중하게 돈을 받아내려면 아래의 방법을 참고해보자.

1. 사안을 알려라. 우선 사안을 알리는 서한을 작성한다. 상대가 인터넷을 주로 활용한다면 이메일로 보내면 되고, 그렇지 않다면 우편으로 보내도 된다.
2. 요령 있고 정중하게 표현하라. 상대방의 가치와 정직성을 칭찬한다.
3. 감사를 표현하라. 상대와 함께 일하는 것이 큰 기쁨이었음을 강조하고, 우리가 제공한 서비스가 비용만큼의 가치가 있다고 생각했기를 바란다고 적는다.
4. 조치를 요청하라. 상대에게 대금을 오늘 결제해줄 수 있다면 감사하겠다고 적는다.
5. 상대의 체면을 세워주라. 혹시 결제 관련하여 모르는 문제가 있다면 함께 논의할 수 있도록 알려달라고 요청한다.

상대를 너무 밀어붙이지 않으면서도 너무 약하게 보이지 않는 것이 관건이다. 첫 요청을 보낸 다음 날에는 전화해서 입금 여부를 묻는다. 만약 상대편에서 대금을 결제할 생각이 있었다면, 이 정도의 방법이면 충분할 것이다.

아래는 대금 결제를 요청하는 서한의 예시이다.

친애하는 팻,

항상 저희와 거래해 주셔서 감사합니다. 귀사의 훌륭한 제품과 더불어 진실성이 돋보이는 팀은 늘 귀감이 되고 있습니다.

지난번 프로젝트에서도 다시 한번 함께 일할 수 있어서 영광이었습니다. 아시다시피, 저희 회사의 목표는 완벽한 고객 경험을 선사하는 것입니다. 귀사에서도 비용을 뛰어넘는 가치를 제공하려는 저희의 노력을 알아봐 주셨기를 바랍니다. 혹시라도 저희의 서비스에 불만 사항이 있다면 제게 즉시 알려주십시오.

그런데 지난번 프로젝트에 대한 비용 675달러(청구서 #5791-A, 발송일 2014-06-20)가 아직 지급되지 않았더군요. 혹시 오늘 결제해주신다면 정말 감사하겠습니다. 저희는 앞으로도 귀사와 좋은 관계를 지속하며, 이를 바탕으로 신속하고 가치 있는 서비스를 제공하고자 노력할 것입니다.

물론 결제와 관련하여 제가 모르는 문제가 있다면 서로 논의하여 적절한 방법을 찾을 수 있도록 전화(XXX-XXXX)를 통하여 알려주시기 바랍니다. 늘 거래에 감사합니다.

돈 토머스 드림

편지를 보낸 다음 날에는 팻에게 전화를 걸면 되지만, 그럴 필요가 없을 수도 있다. 우리의 이메일을 받은 팻이 당장 대금을 결제하겠다는 답장을 보내올지도 모르니 말이다.

60

"제가 감사하죠"

몇 년 전 리츠칼튼 호텔의 한 지점에서 강연을 했는데, 당시 접객 직원들의 태도에 깊은 인상을 받았다. 그 인상은 지금까지도 변함없다.

리츠칼튼의 직원들은 고객에게 인사할 때 "안녕하세요"라는 표현을 쓰지 않는다. "오늘 어때요" 혹은 "어떻게 지내요" 등의 인사답지 않은 말을 사용하지도 않는다(필자가 "오늘 어때요"와 "어떻게 지내요"라는 말끝에 물음표를 붙이지 않은 것은, 이러한 말들이 실제 상대의 답을 바라는 질문이 아니기 때문이다). 리츠칼튼의 직원들은 늘 시간대에 맞춰 "좋은 아침입니다", "좋은 오후네요" 혹은 "좋은 저녁 시간 되세요"라는 정중한 인사를 건넨다.

감사를 표하는 고객에게도 늘 정중하게 답한다. 이들은 뭐라고 답할까? "괜찮아요"라고 말할까?

전혀 그렇지 않다.

리츠칼튼의 직원들은 "제가 감사하죠"라는 표현을 사용한다.

이는 최고의 영향력을 갖추고자 하는 사람이라면 반드시 사용할 줄 알아야 하는 표현이다. 이 말은 때, 장소, 대상, 상황을 가리지 않고 효과를 발휘한다. 가끔은 이런 작은 말 한마디가 우리의 영향력에 큰 차이를 만들어낸다.

"제가 감사하죠"라는 말에는 필요한 모든 내용이 들어 있다. 이 말은 "도와드릴 수 있어서 기뻤고, 앞으로도 기회가 된다면 다시 돕고 싶습니다"라는 의미다. 그렇다면 "괜찮아요"라는 말은 어떨까? 이 말은 상대에게 정반대의 메시지를 보낸다. "당신을 돕느라 조금 귀찮기는 했지만 어쨌든 이제 다 했으니 괜찮아요"라고 말하는 것이다. 영향을 끼치고 싶은 상대에게 보내서 좋을 만한 메시지가 아니다.

필자는 얼마 전 고등학교 졸업반 학생들을 대상으로 강연할 때에도 이 말의 중요성을 강조했다. 레스토랑에서 일할 때에도, 세차장을 경영할 때에도, 구직을 위한 면접을 볼 때에도 바로 이 한 마디가 우리를 차별화한다.

물론 성인들에게도 마찬가지다.

"천만에요"라는 말도 물론 좋지만, "제가 감사하죠"라는 말만큼의 영향력을 발휘하지는 못한다.

늘 "제가 감사하죠"라고 말하는 습관을 지니자. 절대 후회하지 않을 것이다.

CHAPTER
61

올바른 메시지를
보내라

필자는 연설차 출장을 갈 때면 늘 출장지에 있는 헬스클럽에 찾아가 운동을 하곤 한다.

그날도 출장지의 헬스클럽에서 러닝머신에 올라 운동을 하고 있는데, 10분쯤 지나서 천장의 스피커에서 안내 방송이 흘러나왔다. 그 안내 방송은 시종일관 훈계하는 말투인 데다 내용 또한 가관이었다. "알립니다. 대기하는 회원이 있을 때에는 유산소 운동 기구 사용 시간을 1회 30분으로 제한해주시기 바랍니다. 다른 회원들이 대기 중인데 기구를 독점하는 것은 이기적인 행동입니다."

방송이 나온 다음 주변을 유심히 살펴보니 눈치를 보는 것 같은 사람이 많았다. 유산소 운동 기구를 사용하고 있던 회원들은 두말할 것도 없이 안절부절못하고 있었다.

이 방송의 내용은 정당했을까? 물론이다. 1회 사용시간을 30분으로 제한하는 것은 모두를 위한 조치고, 회원들도 대부분 이를 문제 없이 받아들였다. 만약 규정을 어기는 이가 있었다면 시정할 필요가 있으므로 이 방송을 문제 삼을 일도 없었을 것이다.

그러나 그때 사용 중인 유산소 기구는 절반 정도였고, 회원들은 대체 방송이 왜 나오는지 의아하게 여길 수밖에 없었다. 비꼬는 웃음을 지으며 고개를 설레설레 젓는 모습을 보니, 다른 사람들도 꽤나 황당해하는 것 같았다.

안내 방송의 말투와 내용은 부정적이고 모욕적이었다. 말썽꾸러기 꼬마를 훈계하는 것이라면 모를까, 사용료를 꼬박꼬박 내고 있으며 마음 내키면 언제든 다른 곳으로 옮겨갈 수 있는 유료 회원들에게는 적합하지 않은 내용이었다.

그렇다면 운동 기구 사용 시간을 기분 좋게 일깨우고 그 효과도 높이기 위해 방송 내용을 어떻게 바꿔볼 수 있을까? 필자라면 아래와 같은 내용을 사용하겠다.

회원님들께 알립니다. 안녕하세요? 언제나 저희 클럽을 찾아주셔서 감사합니다. 모두 열심히 운동하시는 모습에 저희도 힘이 나네요. 그 노력에 박수를 보냅니다. 모두의 쾌적한 사용을 위하여 유산소 운동 기구 사용이 많은 시간에는 30분 이상 사용을 자제해주시기 바랍니다. 모두가 사용 시간을 지켜주시면 장시간 대기하지 않고 더욱 편리하게 이용하실 수 있습니다. 주목해주셔서 감사합니다. 다시 한번 저희 회원이 되어주셔서 감사하다는 말씀을 드립니다. 다들 운동 열심히 하시고 좋은 하루 보내세요.

　방송 내용을 이렇게 변경하면 긍정적인 프레임을 설정할 수 있으며, 회원들이 규정을 준수할 확률을 더 높일 수 있다. 방송을 들은 회원들은 '규정을 잘 지키면 다음에 내가 유산소 기구를 이용하려고 할 때에도 그렇게 오래 기다릴 필요가 없겠구나'라는 생각을 하며 자신에게 돌아오는 이익을 떠올릴 것이기 때문이다. 실제 나왔던 방송과 의도는 같지만 결과는 무척 다르다.

　위에 소개한 헬스클럽 방송처럼 부적절한 메시지를 볼 때마다 좀 더 효과적이고 설득력 있게 바꾸는 연습을 해보자.

용서 구하기

살다 보면 우리의 부주의로 주변 사람들과 감정의 골이 생기기도 한다. 진심 어린 사과만으로 문제가 해결될 때도 있지만, 사과만 으로는 용서를 구할 수 없는 경우도 있다. 이런 경우, 실로 불편한 감정이 들기 마련이다.

아래는 어느 블로그 독자가 필자에게 보낸 질문이다.

진심으로 사과했는데도 상대가 화를 누그러뜨리지 않고 용서도 하지 않으면 어떻게 해야 하나요? 제 친구는 여전히 화가 났는지 이메일이나 전화에도 답이 없고, 제 말을 들으려고 하지도 않습니 다. 더 이상 어떻게 해야 할지 모르겠습니다. 제 팔을 잘라주거나 장기를 떼어줄 수도 없는 노릇이잖아요. 정직하고 진심 어린 사과 가 통하지 않으면 어떻게 해야 하는지 알려주세요. 친구는 그저 제게 계속 화를 내고 싶은 걸까요? 현명한 조언 기다리겠습니다. 이제 막 우정이 싹트는 관계였는데, 이렇게 친구를 잃고 싶지 않아요.

사실 필자는 이 독자와 친구를 잘 모르고, 갈등의 배경에 대한 정보 또한 부족했기 때문에 정확한 답변을 해줄 수는 없었다. 정보가 부족한 상태에서 '이렇게만 하면 된다'는 식의 답변을 주는 것 또한 내키지 않았다.

대신, 아래와 같이 몇 가지 경우를 들어 독자가 직접 생각해볼 수 있도록 답했다.

- 친구는 아직 화가 많이 난 상태일 수도 있습니다. 즉, 논리적인 설명을 듣기에는 마음이 많이 상한 것입니다.
- 두 분이 모두 신뢰하는 제3의 친구가 있다면, 그분을 중재자 삼아 말을 전해보는 것도 방법입니다. 화가 난 친구가 그 제3의 친구를 존중한다면 이야기를 들어줄 수도 있습니다.
- (전화, 음성 메시지, 이메일 혹은 직접 찾아가는 것 등) 가능한 모든 수단을 동원하여 상대에게 '네가 아직 화난 상태이고 지금은 대화할 준비가 되어 있지 않다는 것을 알지만, 나는 네 마음이 풀릴 때까지 기다리고 있겠다'는 메시지를 보내십시오.
- 가끔은 그저 계속 화를 풀지 못하는 사람이 있습니다. 만약 이런 경우라면, 상황에 너무 집착하지 말고 친구가 먼저 찾아올 때까지 기다리는 게 좋습니다. 일어날 일은 일어나게 되어 있으니까요.

다시 한 번 말하지만, 위의 답변은 매우 제한적인 정보를 바탕으로 작성한 것이므로 충분한 답변은 아니다. 그래도 생각의 실마리 정도는 제공할 수 있기를 바란다.

최고의 영향력을 지닌 이들도 실수는 한다. 이런 때에는 변명하지 말고 바로 사과하는 것이 중요하다. 상대가 사과를 받아준다면 좋겠지만 그렇지 않을 경우, 앞에 제시한 방법들을 활용하는 것도 도움이 될 것이다.

63

"내 말 좀 들어주세요!"

필자는 얼마 전 혈액 검사를 받으러 갔던 어느 진단 센터에서 안타까운 광경을 목격했다.

대기실에 앉아있는데, 한 연세 지긋한 할머니가 심기가 불편한 얼굴로 들어왔다. 그녀는 곧장 접수 직원에게 향했고, 직원은 "어떻게 도와드릴까요?"라고 물었다. 할머니는 강하지만 예의를 잃지 않은 말투로 이렇게 말했다. "여기에서 내 검사 결과를 잃어버렸다고 해서 재검사를 받으러 왔어요. 그런 실수 때문에 이 먼 곳까지 또 와야 해서 사실 불편하네요."

이 말을 들은 접수 직원은 아무런 감정이나 공감도 드러내지 않은 말투로 정중하게 "이 양식을 작성해주세요"라고 말했다.

직원의 이해나 공감을 전혀 받지 못한 할머니는 마음이 상했는지 방어적으로 웃었다. 그녀는 다시 불만스럽게 말했다. "내 말 잘 들어요. 또 그런 일이 생기면 이제 여기는 안 올 거니까 그렇게 알아요. 어떻게 그런 개인정보를 분실할 수가 있죠?"

직원은 또다시 정중하게, 그러나 아무런 공감도 표하지 않고 이렇게 말했다. "자리에 앉아서 기다리시면 곧 담당 직원이 나올 겁니다."

할머니는 들어올 때보다 훨씬 더 화가 난 표정으로 자리에 앉았다. 대체 어떻게 이럴 수가 있느냐는 듯 폭발하기 직전이었다.

할머니가 더 분노하게 된 이유는 무엇일까? 진단 센터 측에서 검사 결과를 잃어버린 것 때문이었을까? 물론 처음에는 그 이유였겠지만, 분노가 더 커진 데에는 다른 이유가 있었다.

그렇다면 혹시 바쁜데 시간을 내서 재검사를 받아야 했던 사실 때문일까? 물론 그것도 있겠지만, 결정적인 이유는 다른 데에 있었다.

할머니의 분노를 걷잡을 수 없이 키운 것은 바로 접수 직원의 태도였다. 필자는 이런 일을 목격할 때마다 고객이나 환자를 대하는 직업군의 사람들에게 대인관계 기술을 지속적으로 교육해야 한다는 생각을 한다.

접수 직원의 실수는 무엇이었을까? 그 할머니가 바랐던 것은 단 하나다! 그녀는 이해받고 싶었던 것이다. 그녀의 행동은 "내 말 좀 들어줘! 내 감정을 좀 이해해 줘! 내가 바라는 건 그것뿐이야!"라고 외치고 있었다.

할머니는 자신이 진단 센터에 다시 와야 했던 이유 자체를 알

리고 싶다기보다는 속상한 마음을 이해받고 싶었던 것이다. 그녀
가 직원에게 듣고 싶었던 것은 아마 이런 말이었을 것이다. "어머,
그런 일이 있었다니 정말 죄송해요. 많이 속상하시겠네요. 이렇게
해 드리면 어떨까요? 제가 직원들에게 자세히 설명하고 앞으로는
각별히 주의해달라고 얘기할게요. 정말 죄송해요."

할머니가 바랐던 것은 공감이었다.

만약 접수 직원이 저렇게 말했다면 할머니는 이전에 발생한 실
수와는 상관없이 그 센터의 단골이자 우수 고객이 되었을 것이라
고 필자는 자신 있게 말할 수 있다.

하지만 정중하기만 한 접수 직원은 딱딱하고 인간미 없는 대응
을 함으로써 할머니의 감정과 자존심을 무시했다.

물론 애초에 검사 기록이 사라진 것이 그 직원의 탓은 아니지
만, 중요한 건 그 사실이 아니다.

실수 자체는 이미 핵심이 아니다. 게다가 고객이 회사의 시스템
이나 절차를 일일이 알아주기를 바라는 것도 비생산적인 일이다.
이를 이해하고 고객을 도울 책임은 바로 직원에게 있는 것이다.

물론 서비스직에 종사하는 사람들이 고객들의 비상식적인 괴롭
힘을 무조건 감내해야 한다는 것은 아니지만, 앞에 소개한 상황에
서라면 이야기가 다르다. 쉽게 해결할 수 있는 문제를 저렇게 번지
게 두는 것은 인력 면에서나 마케팅 면에서나 안타까운 일이다.

한번 자신에게 질문을 던져보자. 회사에서 우리(혹은 다른 직원)
가 한 일(혹은 했을지도 모르는 일)에 대하여 고객이 불만을 제기했

을 때, 우리는 그들의 감정을 이해하려 애쓰는가? 시정 조치를 하겠다고 말하는가? 그리고 주어진 권한 안에서라도 공감을 표하려고 애쓰는가? 상대가 소중한 사람이라는 것을 느낄 수 있게 해 주는가?

고객은 언제나 소중하다. 그리고 자신이 소중하다는 것을 알 권리가 있다.

64

그저 가만히
들어주라

경청은 영향력의 필수 요소다. 상대에게 강한 영향력을 발휘할 줄 아는 사람들은 종종 상대의 말을 그저 가만히 듣는다. 문제를 해결하려 하지 않고 그저 듣는 것이다.

물론 상대가 문제를 해결할 수 있도록 적극적으로 도와야 하는 경우도 있지만, 역설적이게도 가끔은 문제를 해결하려 애쓰지 않는 것이 최선의 해결책이기도 하다.

그저 상대가 말할 수 있도록 가만히 들어주기만 해도 문제가 저절로 해결될 때가 있다. 자신의 감정을 털어놓고 얘기하며 정리하면 괜찮아지는 사람도 있고, 이야기를 하던 중 스스로 해결책을 찾는 사람도 있다. 이 경우, 상대방은 스스로 해결책을 찾았다는 자신감과 만족감을 느낄 수 있다.

솔직히 말하자면 상대의 말을 가만히 듣는 것은 필자가 자신

없어 하는 일 중 하나다. 필자의 타고난 성격과 맞지 않기 때문이다. 필자는 여전히 상대의 고민을 가만히 듣고 있지를 못하고 어떻게든 해결책을 찾으려고 안절부절못하는 경향이 있다.

한 번은 연설 차 출장 간 도시에 필요한 물품이 제때 도착하지 않아서 사소한 불편을 겪은 일이 있었다. 대수로운 일은 아니었지만, 회의 기획을 맡았던 담당자는 자신의 실수라며 스스로를 크게 책망했다.

담당자는 상황을 정리하고 싶다며 필자와 필자의 비즈니스 파트너인 캐시에게 대화를 요청했다. 삼자통화로 우리를 연결한 담당자는 상황을 설명하기 시작했다. 필자는 그녀의 마음을 풀어주려고 그녀가 잘못한 것은 없으며 크게 문제 될 것도 없다는 이야기를 했다. 그렇게 하면 담당자의 기분이 나아지리라 생각했던 것이다.

그러나 그녀는 여전히 절망적인 목소리로 상황에 대한 설명을 이어갔다.

그때 컴퓨터 메신저를 보니 캐시에게서 메시지가 와 있었다. "밥, 지금은 그냥 얘기를 들어주는 게 제일일 것 같아"라는 내용이었다.

캐시의 말이 맞았다. 담당자는 그저 우리가 들어주기를 바라고 있었다. 자신의 행동이 오해를 샀다는 것 때문에 속상한 마음을 털어놓을 곳이 필요했던 것이다. 우리가 아무 말 없이 듣고 있자 문제는 저절로 해결되었다.

종종 우리가 할 수 있는 가장 영향력 있는 행동 중 하나는 상대의 말을 들어주는 것이다. 아무 말도 않고 그저 가만히 말이다.

연관성을
찾아라

시드니 로젠(Sydney Rosen)은 심리학자인 밀턴 에릭슨(Milton H. Erickson)의 가르침을 담은 고전 《내 목소리가 너와 함께 하리라 (My Voice Will Go with You)》를 펴낸 바 있다. 그 책의 서문에서 린 호프만(Lynn Hoffman) 박사는 설득의 본질을 잘 보여주는 에릭슨과 어느 농부의 일화를 소개한다.

젊은 시절 에릭슨은 대학 학비를 마련하기 위하여 떠돌이 책 장수로 일했다. 하루는 어느 농장에 찾아가 퉁명스러운 늙은 농부에게 책을 팔려고 했는데, 그 농부는 관심 없다며 에릭슨에게 나가라고 했다. 그 말을 들은 에릭슨은 아무 생각 없이 바닥에 있던 널빤지 조각을 주워 농부가 먹이를 먹이고 있던 돼지의 등을 긁어주었다. 농부는 마음을 바꿔 에릭슨의 책을 사 주었다. 이유는 에릭슨이 '돼지 등을 긁을 줄 알았기 때문'이었다.

우리는 이 일화에서 소중한 교훈을 두 가지 얻을 수 있다. 첫 번째 교훈은 바로 설득을 거절하는 상대를 설득하는 최고의 방법은 '굳이 설득하려는 노력을 멈추는 것'이라는 점이다. 애써 설득하려 하지 말고 그저 인간 대 인간으로서 상대에게 잘 해주는 것이다.

이러한 행동은 호감과 신뢰를 쌓아준다. 또한, 상대는 부담감에서 벗어나 여유를 가지게 되고 우리를 더욱 신뢰하게 된다.

두 번째 교훈 또한 신뢰와 관련되어 있다. 바로 유사성의 원리다. 유사성의 원리를 간단히 설명하면 다음과 같다.

사람들은 자신과 비슷한 사람을 직관적으로 신뢰한다.

한 번 상상해보자. 에릭슨은 책을 팔러 다녔다. 아마 '영업용 복장'인 양복과 넥타이 차림이었을 것이다. 이런 상태로는 작업복 차림의 농부에게 책을 팔 수 없다. 서로 연관성이 없기 때문이다. 아마 농부는 속으로 '겉만 번드르르한 도시 놈이군'이라고 생각했을 수도 있다. 그러나 사실 에릭슨은 농장에서 자랐다.

그런데 책을 안 산다고 거절하고 보니 에릭슨이 마치 농부처럼 익숙하게 돼지 등을 긁어주고 있는 게 아닌가? 이 단순한 행동 하나로 에릭슨은 농부와 연관성을 만들었고, 즉시 신뢰를 쌓을 수 있었다. 농부는 갑자기 책을 사는 것을 고려해보기 시작한다. 그야말로 논리보다는 감정의 영향을 받은 구매였다.

연관성을 찾는 가장 쉬운 방법은 유사성을 찾는 것이다.

물론 '반대에게 끌린다'는 말도 어느 정도는 옳은 말이다. 서로의 차이점 또한 흥미로울 수 있기 때문이다.

그러나 호감이나 신뢰를 쌓으려면 유사성을 강조해야 한다.

혹시 설득을 거절하는 상대를 만난다면 너무 설득하려 애쓰지 말자. 대신 널빤지 조각을 구해 와서 '돼지 등'을 긁어주는 건 어떨까?

미리 사과하라

어느 날 공항에서 있었던 일이다. 발권 카운터를 향해 가고 있는 데, 앉아있는 담당 직원의 표정이 영 좋지 않았다. 사실대로 말하 자면, 정말이지 비참하고 우울한 모습을 하고 있었다. 당시 필자 는 항공권 내용 일부를 급하게 변경해야 해서 그 상황이 달갑지 않았다. 직원의 모습을 보아하니 일이 쉽지 않을 것 같았다. 원하 는 것을 얻으려면 짧은 시간 내에 최고의 효과를 내야 했다.

우선 필자는 따뜻하고 친근한, 진심 어린 미소를 지으며 카운 터에 다가갔다. 평소라면 이런 미소만으로도 어느 정도의 효과를 보기 마련인데, 직원은 별 감흥이 없어 보였다. 사실대로 말하자 면 직원에게 '어서 정신 차리고 자기 할 일을 제대로 하라'고 외치 고 싶었지만, 꾹 참을 수밖에 없었다. 그런 말을 해봤자 잠재적인 적을 실제 적으로 만들 게 뻔했기 때문이다.

대신 필자는 미리 사과하기 전략으로 상대를 무장해제 하기로 결정했다.

"정말 귀찮은 부탁을 드려야 할 것 같아서 죄송하네요. 번거로우실 텐데 어쩌죠?"

이 간단한 말 한마디로 충분했다. 직원은 최대한의 친절을 발휘하여 필자의 요청을 처리하기 시작했다. 그에게는 단지 작은 공감이, 자신의 감정을 이해해줄 누군가가 필요했던 것이다. 짧은 말 한마디로 그의 태도는 그야말로 180도 변했다. 아마 필자의 뒤에 있던 사람들에게도 그의 친절은 계속됐을 것이다.

얼굴을 잔뜩 찌푸린 그 직원에게 필자도 똑같은 반응을 보였다면 이는 어쩔 수 없는 갈등으로 이어졌을 것이고, 결과는 보나 마나 양쪽 모두에게 부정적이었을 것이다. 원하는 것을 얻으려면 늘 상대방이 자신에 대해서, 그리고 우리에 대해서 좋은 감정을 품게 해야 한다.

미리 사과하기에서 중요한 것은 사과 자체가 아닌 공감이다. 상대를 유심히 살펴서 그들이 어떤 감정을 느끼고 있는지 파악한 다음, 이에 대한 이해와 공감을 표하는 것이 중요하다는 말이다. 상대는 자신이 그런 감정을 드러내고 있다는 것을 깨닫지 못할 때도 있는데, 이런 경우에도 방법은 같다.

잠재적으로 어렵게 굴 소지가 있는 상대를 만나면 미리 사과하기를 활용해보자. 금세 상황을 우리가 원하는 방향으로 끌고 갈 수 있을 것이다.

간혹 블로그 글을 읽은 독자나 강연에 참석했던 분들이 아래와 같은 이메일을 보내주실 때가 있는데 언제 받아도 기분이 참 좋다. 아래 독자는 필자가 소개한 전략들을 활용하여 까다로운 상황에 성공적으로 대처한 경험담을 이메일로 보내주었다.

밥, 몇 주 전 제가 뉴올리언스의 한 호텔에서 겪은 일입니다. 분명히 저희는 사전에 킹사이즈 베드가 있는 방을 예약하고 갔는데, 방에 들어가서 보니 더블사이즈 베드 두 개가 있었어요. 다시 프런트에 내려가서 문의하니, 킹 베드는 없다고 하더군요. 제 속에서 감정이 격해지는 것이 느껴졌습니다. 화가 치밀어서 당장에라도 직원에게 따지고 싶었죠. 하지만 심호흡을 하여 마음을 진정시키고 다시 생각해보았습니다. 그 순간 협력에 대한 기대를 창출하라는 당신의 조언이 떠올랐죠.

그래서 일단 태도를 바꾸고 긴장을 풀었습니다. 그리고는 프런트 직원이 얼마나 정신없고 힘든지를 이해한다는 말을 했죠(허리케인 '이삭'이 지나간 지 일주일밖에 되지 않은 시점이었거든요).

어떻게 됐느냐고요? 그 직원은 저희를 위해 킹 베드가 있는 객실을 찾아주었습니다. 게다가 그와 친해진 덕분에 뉴올리언스에 있는 동안 더 재미있게 지낼 수 있는 정보도 많이 얻었어요.

아마 (조만간) 다시 뉴올리언스에 가게 되면, 우리의 멋진 친구가 모든 것을 완벽하게 준비해주겠죠. 다시 만나면 정말 반갑기도 할 테고요. 태도와 마음가짐을 조금 바꿨을 뿐인데, 이렇게 좋은 결과를 경험할 수 있었습니다.

솔직히 말씀드리면 그저 원하는 결과를 얻은 것 외에도 사람들과 더 긍정적으로, 서로에게 도움이 되는 방향으로 교류하는 법을 찾은 것 같아서 기뻐요.

이렇게 멋진 방법을 알려주셔서 정말 감사합니다.

필자로서는 멋진 이야기를 보내준 독자에게 감사할 따름이다.

기분 좋은
영향력

이번 장에서는 미주리 주에 사는 마거릿이 보내준 편지를 소개하고자 한다. 아래의 편지는 우리가 지금까지 이 책에서 함께 살펴본 원칙을 진정으로 학습하고 내재화한 완벽한 예시라고 생각한다.

안녕하세요, 밥. 얼마 전 제게 일어났던 일을 공유하고 감사 인사도 드리고 싶어서 편지를 씁니다.

출장을 앞두고 숙소를 알아보던 중이었습니다. 마음에 드는 숙소를 발견해서 제가 원하는 숙박 기간과 비용(1박에 90달러)을 적어 주인에게 이메일을 보냈지요. 주인이 보낸 답장을 읽어보니 기간은 가능하지만, 숙박료는 1박에 95달러라고 했습니다. 저는 그 숙소에 꼭 묵어보고 싶었어요. 그래서 주인의 감정을 상하지 않게 하면서 가격을 낮출 방법을 고민하다 다음과 같은 이메일을 보냈습니다.

답장 감사합니다. 인터넷에서 사진과 후기를 봤는데, 정말 좋은 곳인 것 같네요. 그곳에 묵는 손님이라면 모두 만족하지 않을 수가 없을 것 같습니다.
그런데 안타깝게도 이번에는 그곳에 묵을 수가 없을 것 같네요. 회사 방침상 하루 숙박비용은 90달러를 넘을 수가 없거든요. 물론 그곳에서 묵는 하룻밤은 95달러 이상의 충분한 가치가 있으리라 생각하지만, 제가 회사 방침을 바꿀 수는 없는 노릇이니까요.
혹시라도 향후 2주간 숙박료에 변동이 있다면 꼭 알려주시기 바랍니다. 항상 빠른 답변에 감사드립니다.

그리고 바로 다음 날, 이런 답장이 도착했습니다.

90달러에 가능할 것 같습니다. 방을 예약하시려면 전화 주세요. 감사합니다.

정말 놀랍죠? 그야말로 저와 숙소 주인, 양쪽 모두에게 윈-윈이었습니다.

마거릿의 대처는 정말 놀랍다. 혹자는 그래 봤자 하루에 5달러

깎은 것 아니냐고 하겠지만, 핵심은 금액 자체가 아니다. 마거릿의 대처법은 거의 모든 상황에서 활용할 수 있으며, 더 큰 금액이 관련된 상황도 예외는 아니다. 그럼 그녀의 대처법을 하나씩 살펴보자.

1. 긍정적인 프레임 설정하기. 마거릿이 편지에서 밝혔듯이, 그녀는 숙소 주인의 감정을 상하지 않게 하고, 만족스러운 기분으로 자신과 거래하기를 원했다. 이러한 태도는 긍정적인 구도를 설정하는 가장 좋은 방법이다. 서로 윈-윈하고 싶다는 바람을 상대에게 전해주기 때문이다.

2. 감사의 말로 시작하기. 마거릿은 숙소 주인에게 답장을 보낼 때 비용을 깎아달라고 우기지 않고 감사의 말로 시작했다. 이렇게 함으로써 뒤에 비용 문제를 언급했을 때에 나타날 수 있는 주인의 방어적인 태도를 예방했다.

3. 칭찬하기. 마거릿은 숙소에 대한 칭찬을 아끼지 않았다. 그 숙소는 분명히 주인에게는 큰 기쁨과 자부심의 원천일 것이고, 마거릿의 칭찬은 기분 좋은 일이었을 것이다. 자신의 숙소를 이렇게 좋게 생각하는 취향 좋은 고객을 마다할 이유가 없지 않을까?

4. "저로서는 부담이 되네요." 마거릿은 숙소에 머무를 수 없다고

말할 때 그 주인이나 숙소 자체를 이유로 들지 않았다. 그저 숙박료가 회사에서 정한 한도를 벗어나고, 다른 선택의 여지가 없다고 말했을 뿐이다. (이 접근법에 대해서는 53장에서 함께 살펴본 바 있다.)

5. 비상구 문구 활용하기. 마거릿의 접근법은 마지막까지도 훌륭했다. 그녀는 만약 숙박료에 변동이 생긴다면 알려달라는 말로 이메일을 마무리했다. 즉 '이 가격이 아니면 안 된다'는 식의 최후통첩을 하며 상대를 구석으로 몰지 않은 것이다. 이러한 접근법 덕에 주인은 자신이 마거릿에게 조종당한다는 마음을 전혀 품지 않고 그녀의 제안을 받아들일 수 있었다.

정말이지 놀랍지 않은가?

PART 7

최고의 영향력을 가진
사람들의 특징

|

영향력은 결국
우리가 어떤 사람인가에 따라 결정된다

인품은 가장 효과적인 설득 도구이다.

|

아리스토텔레스

BB&T 은행의 전 회장이자 CEO인 존 앨리슨(John Allison)은 BB&T를 미국에서 가장 수익성 있는 은행 중 하나로 키워낸 인물이다. 또한 BB&T는 서브프라임 모기지를 판매하지 않고 전통적인 대출에만 집중한 몇 안 되는 은행이기도 하다.

사실 앨리슨 전 회장은 정치인들과 정부 지원을 받는 업체(패니메이와 프레디맥 등), 그리고 은행들 사이의 위험한 관계를 잘 알고 있었다. 그러나 앨리슨과 BB&T에게는 원칙이 있었다. 바로 고객에게 가치를 제공하는 방법으로만 이윤을 내겠다는 원칙이었다. 그런 그가 앉은 자리에서 아무것도 하지 않고 수십억 달러를 손쉽게 벌어들일 수 있다는 서브프라임 모기지 판매에 반대한 것은 당연한 결정이었다.

그 결과 서브프라임 사태가 일어나고 모든 것이 무너져 내리고 나서도 BB&T는 수익성과 명성, 두 가지 모두를 지킬 수 있었다.

앨리슨 전 회장은 지금은 은행업계를 떠나 웨이크포레스트대학 경영대 특훈교수로 재직하고 있으며, 자유주의 싱크탱크인 카토인스티튜트(Cato Institute)의 CEO로도 활동 중이다.

존 앨리슨은 훌륭한 인품의 소유자들이 흔히 그렇듯 무언가의 굳건한 상징이었다. 영향력이 뛰어난 사람들은 인품 또한 뛰어난 경우가 많다. 책의 앞부분에서 말한 바와 같이, 사람들은 자신이 잘 알고, 좋아하고, 신뢰하는 사람의 영향을 받는다. 뛰어난 인품으로 원칙을 지키고, 무언가의 상징이 될 수 있는 사람이야말로 주변의 신뢰를 얻을 수 있다.

7부에서는 최고의 영향력과 인품의 관계, 그리고 강한 영향력을 발휘하기 위한 인품에 대하여 알아보겠다.

CHAPTER
68

원칙을
확고히 지켜라

미국의 위대한 코미디언 그루초 막스(Groucho Marx)는 "이게 바로
내 원칙이오. 마음에 안 든다면… 다른 원칙도 있소"라는 유행어
를 남겼다.

그의 말은 우리의 슬픈 현실을 익살스럽게 풍자한다. 인품이라
는 것은 한 사람의 됨됨이를 정의하는 특성이다. 좀 더 정확하게
말하자면, 한 사람을 정의하는 특성들의 모음이라 볼 수 있다. 그
래서 상대의 인품을 제대로 이해하면 그들이 내리는 주요한 결정
은 거의 예측 가능하다.

이러한 결정들은 일관성 있으며 예측할 수 있다. 물론 좋은 의
미로 말이다.

요즘 언론을 보면 그루초 막스의 유행어처럼 오락가락하는 원
칙을 가진 사람들이 주목받는 것 같지만, 다행히도 세상에는 훌

룡한 인품을 바탕으로 변치 않는 원칙을 지닌 사람들도 많다.
그리고 바로 이런 사람들이 최고의 영향력을 가질 수 있다.

'덕담'과
영향력의 달인

앞서 언급한 바 있는 필자의 아버지 마이크 버그는 필자가 아는 가장 훌륭한 궁극의 영향자다. 필자의 기억 속의 아버지 모습은 한결같았다. 늘 주변 사람들에게 만족감과 자신감을 심어주고, 더 좋은 사람이 될 수 있도록 돕는 모습이었다. 그것이 아버지의 일이자 삶이었다. 지금은 은퇴하신지 오래지만, 여전히 같은 모습으로 같은 일을 하고 계시다.

필자는 오랜 시간을 들여 대인관계 기술이나 설득, 영향력에 관한 책을 읽기도 하고 연구도 했지만, 솔직히 말하자면 영향력과 설득에 관하여 알아야 할 모든 것은 아버지께 배웠다고 해도 과언이 아니다.

다음의 글은 필자가 몇 년 전에 작성한 글인데, 매년 아버지의 날에 감사를 표하고자 블로그에 게시하고 있다. 이 글은 인터넷을 통하여 여기저기 알려져서 다른 책에도 소개되었다.

우리는 인간으로서 타인을 긍정적인 방향이나 부정적인 방향으로 이끌 수 있는 능력과 선택권을 가지고 있다. 그런데 타인에게 영향을 주기 위해서 꼭 직접 말을 해야 하는 것은 아니다. 필자가 늘 배우고 모방하려 애쓰는 대상은 바로 아버지다. 아버지는 주변 사람들이 스스로에 대하여 좋은 감정을 느끼게 하는 데에 특출한 재능이 있으셨다. 필자도 아버지만큼 해보려고 늘 노력하지만, 역시 아버지를 따라잡지는 못하고 있다(물론 아버지는 늘 잘하고 있다고 말씀하신다).

아버지는 사람들의 좋은 면을 파악하는 데서 그치지 않고, 그런 면을 반드시 소리 내어 칭찬하신다. 좋은 면을 보시면 당사자뿐 아니라 주변 사람에게도 그 사람에 대한 칭찬을 아끼지 않는다. 세상에는 남의 험담을 즐기는 사람들도 많지만, 아버지는 '덕담'을 즐기셨다. 만약 상대에게 지적할 사항이 있을 때에는 늘 완곡하고 정중하게 표현하는 것을 잊지 않으셨다.

사람들은 험담을 전해 갈등을 야기했지만, 아버지는 좋은 이야기만 전하며 늘 사람들 사이를 더 가깝게 만드셨다.

밖에서 아내에 대한 험담을 늘어놓으며 괜히 '센 척' 하는 남자들이 있다. 물론 그냥 '농담'이었다고 말들을 하지만, 말이란 결코 가볍지 않다. 특히 아이들은 어른들의 말을 좋은 예로, 혹은 나쁜 예로 기억하고 받아들이기 마련이다.

필자가 자라는 동안 아버지는 늘 어머니에 대한 칭찬과 찬사를 아끼지 않았고, 어머니 역시 그러셨다(사실 지금도 두 분 모두 그렇다).

부모님은 어렵게 사업을 시작하여 자수성가하셨다. 어머니는 주로 내부에서 조력하고 외부적인 활동은 거의 아버지가 담당하셨지만, 아버지는 틈만 나면 주변 사람들에게 회사의 든든한 버팀목은 어머니라고 말씀하셨다.

필자는 열두 살 때 있었던 일을 잊지 못한다. 집에 카펫을 새로 깔던 날 일어난 일이다. 공사를 하러 온 인부 조장은 어디 가서 술깨나 마실 것 같은 거칠고 괄괄한 인물이었다.

우리는 인부들을 위한 점심으로 피자를 사 왔고, 아버지가 조장에게 가져다주었다. 필자는 한쪽에 서서 아버지와 조장의 대화를 들었다.

조장이 아버지에게 이렇게 말했다. "공사 때문에 돈이 꽤 많이 들죠? 하여간 여자들이란, 돈 쓰는 기계에요."

그 말에 아버지는 이렇게 답했다. "제가 빈털터리일 시절에 옆을 지켜준 고마운 아내인걸요. 저는 사실 아내를 위해서 돈을 쓸 수 있는 게 기쁩니다."

그저 평소의 버릇대로 여자에 대한 험담을 늘어놓으려던 조장은 아버지의 예상치 못한 대답에 당황했다. 그러나 아버지는 타고난 성격 자체가 친근하고 격의 없는 분이셨다. 조장은 아버지와 공감대를 형성하고 싶어 하는 것 같았다.

그는 다시 말했다. "그렇기는 하죠. 그래도 그걸 빌미로 돈을 펑펑

써대잖아요."

아버지는 내 예상대로 다시 이렇게 답하셨다. "아내 덕에 성공한 건데, 아내를 기쁘게 하는 건 당연한 거죠. 세상에 그런 즐거움이 어디 있습니까?" 투 스트라이크였다.

조장은 다시 한 번 험담을 시도했다. 이번에는 말을 조금 더듬거리며 이렇게 말했다. "그렇기는 하지만…, 그래도 가끔은 너무 하잖아요?" 아버지는 이렇게 답했다. "아내는 내 인생 최고의 선물입니다. 아내를 행복하게 하는 일이라면 뭐든 할 수 있어요."

어린 필자는 웃음이 터져 나오려는 것을 가까스로 참았다. 그 조장은 아버지가 조금만 수긍하며 "그러게 말이에요"라고 말해줬으면 하고 바랐겠지만, 필자가 아는 아버지는 백만 년이 지나도 그런 말을 할 분이 아니었다.

오해는 없기를 바란다. 아버지는 그 조장을 가르치려 하거나 잘난 척하려는 게 아니었다. 그저 아내를 사랑하고 존경하는 평소의 모습을 보이셨을 뿐이다. 그런 분이셨으니 험담에 맞장구칠 리가 없었다.

마침내 조장은 포기했다. 아마 아버지의 모습에서 배우자를 존중해야겠다는 교훈을 얻었을 수도 있고, 그렇지 않을 수도 있다. 그러나 적어도 어린 필자는 존중과 칭찬의 힘을 배울 수 있었다.

필자가 이 글을 쓰는 지금도 두 분은 56년째(물론 이 부분은 필자가 매년 글을 올릴 때마다 1년씩 더해진다) 결혼 생활을 즐기고 계시다. 여전히 길을 걸을 때 손을 잡으시고, 그 어느 때보다도 서로 사랑하신다. 그 누구보다 서로를 아끼는 두 분은 그야말로 인생의 가장 친한 친구다. 의심의 여지 없이 말이다.

이 글은 서로 사랑하는 한 부부에 관한 글이지만, 그 이상의 의미도 있다. 아버지가 주변 사람들의 인생에 큰 영향을 준 데에는 그만한 이유가 있다.

아버지는 위의 글에 등장하는 그대로의 사람이다. 그리고 아버지의 이런 인품이 주위 사람들의 마음을 움직이는 것이다.

70

강점에 집중하되
약점을 무시하지 마라

자신이 상대에게 무엇을 해 줄 수 있는지 모른다면 영향력을 발휘하는 것도 불가능하다.

일부 자기계발서는 강점에만 집중하고 약점은 과감히 무시하라고 조언한다. 강점에 집중해야 한다는 말은 타당하지만, 약점을 무시하는 것은 우리의 성공과 영향력에 직접적인 타격을 줄 수도 있다.

강점이란 우리가 직장에서, 그리고 개인적인 인간관계에서 상대에게 제공할 수 있는 가치, 재능, 긍정적인 특성 등을 의미한다. 이러한 강점들은 영향력의 근본을 이루므로 강점에 집중하는 것은 실로 중요하다. 하지만 그렇다고 약점을 무시하면 위험을 초래할 수 있다.

혹시 일을 미루는 습관이 있는가? 이는 우리의 발목을 잡는 큰 단점이다. 사람을 대하는 인내심이 부족한가? 이는 리더로서의 영향력을 저하시키는 단점이다. 분노로 말미암은 문제가 있는가? 그렇다면 분노가 성공을 가로막는 단점이라는 것은 이미 알고 있을 것이다. 이 세 가지는 반드시 고쳐야 할 큰 단점이다.

단점은 크게 다음의 세 가지 유형으로 나눠볼 수 있다.

1. 중요하지 않은 단점. 예를 들어, 필자는 장거리 달리기를 잘 못한다. 그러나 마라톤에 출전할 계획은 없으므로 이 단점에는 크게 신경을 쓰지 않는다.

2. 완화해야 할 중요한 단점. 필자는 패스트푸드를 좋아하는 편이어서 늘 먹는 것에 신경을 써야 한다. 물론 한 걸음 더 나아가 엄격한 건강식만 고집할 수도 있지만, 그보다는 그저 평소에 건강에 신경 쓰며 챙겨 먹는 선에서 만족한다.

3. 강점으로 바꿔야 할 중요한 단점. 필자에게는 소문을 즐기는 버릇이 있었다. 이 단점은 노력 끝에 극복했고, 거기에서 한 걸음 더 나아가 타인에 대한 부정적인 이야기는 절대 하지 않는 사람이라는 평판을 얻게 되었다.

만약 필자가 세 번째 단점을 극복하고 강점화하지 못했다면, 아마 인생의 모든 부분에서 지금 누리는 정도의 성공을 거두지는 못했을 것이다. 필자의 또 다른 큰 단점은 바로 분노였는데, 이것 역시 극복하려고 많은 노력을 기울였다. 그리고 그 단점을 극복함으로써 타인에 대한 영향력과 신뢰를 쌓는 능력 또한 강화할 수 있었다.

벤저민 프랭클린 또한 단점의 강점화가 가진 중요성을 알고 자신만의 인격 수양 프로그램을 만들어서 실천했으며, 자서전을 통해서도 소개하였다. 수양의 결과가 만들어낸 차이는 프랭클린 그 자신이 자명하게 보여주고 있다.

자신의 강점에 늘 집중하자. 강점이야말로 많은 것을 성취할 수 있는 부분이다. 그러나 결코 단점을 무시하지는 말자. 적어도 중요한 단점들은 말이다.

71

문제는 무시한다고
사라지지 않는다

이 책에 소개된 다섯 가지 원칙이 중요한 이유는 바로 이러한 원칙이 문제해결 능력을 키워주기 때문이다. 또한 이 능력은 최고의 영향력을 가진 사람과 그렇지 않은 대부분의 사람을 가르는 가장 큰 차이이기도 하다. 세상은 문제를 해결하는 이들에게 큰 보상을 약속한다. 그러나 문제를 해결하려면 문제에 정면으로 부딪쳐야 한다. 이 책에 소개된 원칙들은 다양한 문제에 부딪혔을 때의 해결 방법을 제시하지만, 문제가 발생했을 때에 이를 알아보고 인정하는 의지는 어디까지나 스스로 만들어내는 것이다.

바로 앞 장에서도 말했듯, 긍정에 집중해야 한다는 말이 부정을 무시해도 된다는 뜻은 아니다.

살아가다 보면, 또 사업을 하다 보면 여러 문제가 발생하기 마련이다. 이런 경우, 문제 자체에만 집착하는 것은 바람직하지 않지만, 반대로 문제를 무시하는 것도 위험하다. 앞에 놓인 문제를 인식하고, 이해하고, 그에 대처해야 한다.

그리고 해결책을 찾을 계획을 세웠다면 그 계획에 집중해야 한다. 정리하자면 다음과 같다.

문제를 이해하고 인정하되, 해결책에 집중하라.

우리는 종종 부정적인 것, 원하지 않는 것은 그냥 무시하라는 조언을 듣는다. 그러나 필자의 생각은 다르다. 물론 긍정적인 사고방식으로 긍정에 집중하는 것은 바람직하지만, 그렇다고 부정적인 것들을 아예 무시하는 것은 잘못된 방향이기 때문이다. 그 이유는 다음과 같다.

문제는 무시한다고 사라지지 않는다.

부디 오해는 없기를 바란다. 모든 것에는 적절한 시간과 장소가 있고, 무시가 가장 적절한 대처인 경우도 물론 존재한다.

그러나 위험에 직면한 타조가 모래 속에 머리만 파묻듯이, 문제를 피해서 숨으려고만 하는 것은 비생산적이다. 사실 그저 비생산적인 데에서 그치면 다행이고 최악의 경우, 문제가 더 악화되어 커질 수도 있다.

그러니 문제를 발견하면 그 존재를 인식하고 인정하라. 극복을 위한 계획을 세우고 해결방법을 결정하라. 그 후에는 해결책에 집중하면 된다.

문제를 무시해서는 안 된다는 사실을 명심하자. 문제를 해결하는 것은 바로 최고의 영향력을 지닌 당신 자신에게 달렸다.

자신보다 나은 사람들로
팀을 채우라

필자의 친구이자 리더십 전문가인 댄 록웰은 이런 말을 했다.

팀 안에 팀장보다 나은 사람이 없다면, 그 팀은 약한 팀이다.

강한 영향력을 지닌 진정한 리더들은 똑똑하고 박식한 사람들이 팀원으로 들어오기를 가만히 앉아서 기다리지 않고 직접 찾아다닌다. 적어도 한두 가지 이상의 특정 분야에서 자신보다 뛰어난 사람들을 찾아서 주위에 두려고 하는 것이다.

그러나 지위적 리더(positional leader), 즉 직위가 주는 권위가 전부인 리더들은 자신의 지위에 기대어 자부심을 찾으려 애쓴다. 그 결과, 지위에 위협이 될 수 있는 모든 요소에 대해서 의식적으로, 무의식적으로 방어적인 반응을 보이게 된다. 리더의 방어적인 성향은 영향력을 약화시키는 요인이 된다.

진정한 리더는 조직과 팀에 가치를 더해주는 재능 있는 팀원들을 칭찬하고 이들의 공을 인정한다. 그뿐 아니라 이러한 팀원 스스로 리더가 되고 주역이 될 수 있는 기회를 적극적으로 마련해주려 노력한다.

리더는 조직의 어느 위치에서나 탄생할 수 있지만, 조직 문화는 늘 상부에서 형성되어 하부로 전달된다. 그래서 조직의 간부 집단이 지나치게 신중하고 방어적이라면 조직 전체가 이러한 성향을 띠게 될 가능성이 크다. 물론 그 반대의 경우도 마찬가지다.

인품과 능력, 자신감을 갖춘 리더만이 자신보다 나은 사람들을 팀원으로 기용한다. 그 결과 이러한 리더들은 강력한 팀을 가지게 되는 것이다.

73

신뢰의 기본은
일관성이다

우리는 일관성 없는 세상을 살아간다. 그리고 세상은 의도는 선하지만 일관성이 부족한 사람들로 채워져 있다. 일관성은 일과 삶에서 불확실성을 없애고 신뢰를 쌓아주는 중요한 요소다. 그리고 신뢰는 영향력으로 이어진다.

매일, 매주, 매월, 매해 일관된 모습을 보여주는 사람은 마치 은행에 현금을 모으듯 차곡차곡 신뢰를 모을 수 있다. 계좌에 쌓인 신뢰는 잔고가 유지되는 한 두둑한 이자를 안겨준다.

어떤 변명도 없이 약속한 일을 매번 지켜내는 세일즈맨은 고객을 만족시켜서 결과적으로 든든한 개인 홍보대사들을 거느릴 수 있다.

이는 영향력의 상승으로 이어진다.

하나를 보면 열을 안다

약속을 지키는 것과 관련하여 중요한 또 하나는 바로 노력의 일관성이다. 필자가 지난 수년간 가장 좋아하는 말로 꼽는 문구가 있다. T. 하브 에커는 자신의 저서 《백만장자 시크릿(Secrets of the Millionaire Mind)》에서 다음과 같은 말을 했다.

당신이 한 가지 일을 하는 걸 보면, 다른 모든 일을 어떻게 하는지 알 수 있다.

이것은 최고의 영향력을 얻기 위해서 지켜야 할 가장 중요한 원칙 중 하나다.

필자가 존경하는 부커 T. 워싱턴(Booker T. Washington)은 자신의 첫 고용주이자 멘토인 러프너 부인에게서 인생을 바꿀 교훈을 얻었다. 러프너 부인은 워싱턴에게 어째서 바닥을 쓸 때에 티끌한 점 없이 백 퍼센트 깨끗하게 쓸어야 하는지를 알려주었다. 덕분에 그는 그저 잠재력 있는 젊은이에서 많은 이들의 인생을 변화시킨 위대한 인물로 성장할 수 있었다.

후에 워싱턴은 터스키기 기술학교에서 강의하며, 많은 학생과 제자들에게 자신의 귀중한 성공 원칙을 전수했다. 모두가 자신이 하는 모든 일에 매번 최선을 다하는 태도를 보인다면, 세상은 과연 어떻게 변할까?

74

실수에서
배워라

최고의 영향력을 지닌 사람들도 실수는 한다. 그리고 이들에게도 실수는 달갑지 않은 일이다. 사실 실수를 좋아하는 사람은 거의 없다. 실수는 우리를 불편하게 하기 때문이다.

그러나 실수를 인정하고, 실수에 책임을 지고, 최선을 다하여 바로잡는다면 개인적인 성장을 이룰 수 있을 뿐 아니라 영향력 또한 키울 수 있다.

시작은 실수를 인정하는 것이다. 세상에는 실수를 인정하려 하지 않거나 인정할 용기가 없는 사람들도 많다. 그러나 최고의 영향력을 가진 사람이라면 자신의 실수를 인정할 수 있어야 한다.

자신이 틀렸다는 것을 인정한다는 것은 성숙함의 증거이며, 효과적인 성장을 가져올 수 있는 기반이다.

실수를 인정하는 것은 훌륭한 인품의 증거이며, 성장을 가져올 수 있는 열쇠다. 단, 이는 실수를 인정하고 책임을 질 자세가 되어 있을 때의 이야기다.

CHAPTER

75

스스로
교정하라

훌륭한 사람들은 자신의 실수에 대하여 주변 사람들이 주는 피드백을 열린 마음으로 받아들인다. 그뿐만 아니라 자신에게 필요한 피드백을 직접 찾아 나서기도 한다.

혹자는 인품 있는 사람이라면 자신의 원칙을 확고히 지켜야 한다는 내용과 상충한다고 말할 수도 있지만, 전혀 그렇지 않다. 원칙을 지키는 것과 실수를 인정하는 것은 서로 모순되는 행동이 아니다. 피드백을 통하여 전략을 수정하는 것 또한 마찬가지다.

지그 지글러는 "원칙은 확고하게, 수단은 유연하게"라는 훌륭한 말을 남겼다.

당신의 주변에는 실수를 저질렀을 때에 피드백을 줄 수 있는 친구, 동료, 가족 등이 있을 것이다. 지금까지 주위에 최고의 영향력을 보여 왔다면, 사람들도 당신에게 스스럼없이 다가와 이런 피드백을 줄 것이다. 필자 또한 지인들의 피드백에 의존하며, 이를 바탕으로 더 좋은 사람이 되고자 노력하고 있다.

그러나 늘 주위에만 의존할 수는 없다. 사려 깊은 비판은 항상 열린 마음으로 받아들여야 하지만, 의외로 이러한 비판을 해주는 사람을 만나기는 쉽지 않다. 그렇다면 어떻게 해야 할까? 답은 간단하다. 스스로 교정하면 된다.

이쯤에서 이런 질문을 던지고 싶은 독자도 있을 것이다. "밥, 자신이 처한 상황을 객관적으로 보기는 어렵지 않나요?"

맞는 말이다. 실제 자신을 객관적인 눈으로 보기는 어렵다. 그러나 자체 교정에 집중하면 자신을 더 잘 이해하고 실수를 더 쉽게 알아차릴 수 있다. 자신의 실수를 알아챌 수 있다면 상황을 바로잡는 것도 가능하다. 그러면 적어도 다음에 같은 실수를 되풀이하는 일은 막을 수 있다.

예를 들어 실수로 동료의 마음을 상하게 하는 말을 했다고 치자. 동료의 얼굴에는 분노나 슬픔 등의 표정이 떠오를 것이다. 표정을 보니 분명히 뭔가가 잘못되었고, 동료는 적대적인 태도를 보이고 있다. 이런 경우, 어떻게 해야 할까? 이때에는 잠시 마음을 가다듬고 우리의 행동이나 말 중 상대의 감정을 상하게 했을 만한 것이 있는지 되짚어보아야 한다. 그리고 만약 짚이는 것이 있다면 상대에게 사과하면 된다. 물론 쉽지는 않은 일이며, 화가 나거나 스트레스를 받는 상황에서는 더욱 그렇다. 하지만 이러한 자체 교정을 반복하다 보면 훨씬 수월해진다.

어렵거나 까다로운 상황을 겪었을 때 자신에게 이런 질문을 던지는 습관을 들이자. '조금 전의 상황을 내가 어떻게 다루었는가?' 가령 고객과의 일대일 면담에서의 반대 의견이나 프레젠테이션 중 위원회가 던진 어려운 질문을 어떻게 다루었는지 되돌아보는 것이다. 정중함, 공감, 친절함 등을 적절히 활용하여 상대를 편안하게 해주면서도 의견을 효과적이고 설득력 있게 전달했는가? 아니면 혹시 뭔가 실수가 있지는 않았는가? (우리 모두가 그렇듯 말이다.)

자신의 대응을 뒤돌아보고 샅샅이 분석해보자. 단, 솔직함은 최대화하고 감정 개입은 최소화하며, 자존심이 끼어드는 것을 막아야 한다. 어렵게 느껴질 수도 있지만, 그만큼 철저하게 분석한다면 분명히 큰 효과를 볼 수 있을 것이다.

실수에서 배우고, 같은 실수를 반복하지 않겠다고 결심하자. 적어도 너무 자주 하진 않겠다고 말이다. 만약 여러분도 필자와 같다면, 아마 실수를 통한 교훈이 완전히 몸에 익을 때까지 비슷한 실수를 반복할 것이다. 하지만 인간이란 원래 그런 존재 아니던가?

한 가지 중요한 이야기가 남아있다. 실수에서 배우는 것이 중요한 만큼, 승리를 자축하는 것도 중요하다. 실패만큼 많은 변화와 성공을 경험하게 될 것이다. 늘 승리의 경험을 즐기고 만끽하라.

CHAPTER

76

말은 적게 하고
행동에 힘써라

탈무드의 현자들은 "말은 적게 하고, 행함에 힘쓰고, 모든 이에게 밝은 얼굴로 인사하라"고 했다. 이는 최고의 영향력을 얻으려는 사람들이 특히 진리로 삼아야 할 말이다.

최고의 영향력을 지닌 사람들은 훌륭한 인품의 소유자다. 훌륭한 인품을 지닌 이들은 자신이 하겠다고 약속한 일을 반드시 지킨다. 늘 말은 적게 하고, 약속을 지키며, 기준 이상의 성과를 내려고 노력하자. 이를 일관되게 반복하면 좋은 평판이 쌓이게 되고, 일에서도 삶에서도 성공을 거둘 수 있을 것이다.

말만 그럴듯한 사람이 되기보다는 실제로 행하는 사람이 되고, 정직을 말하는 사람보다는 정직한 사람이 되며, 배려를 말하는 사람보다는 배려하는 사람이 되자.

말은 적게 하고 실천에 힘쓰면, 주변 사람들은 당신의 영향력에 확신을 가지고 따르게 될 것이다.

물론 이 책의 내용도 마찬가지다. 그저 한 번 읽고 덮어둘 것이 아니라 실천에 옮기자. 원칙을 적용하고 행동에 옮겨 최고의 영향력을 손에 쥐자. 당신 안에는 충분히 그럴 수 있는 능력이 있다.

감사의 말

몇 년 전 한 콘퍼런스에서 저명한 연사의 강연을 들을 기회가 있었다. 그는 강연 중반쯤 청중을 바라보며 힘 있는 말투로 "결국 모든 것을 해낼 힘은 여러분 자신에게 있는 것입니다!"라고 외쳤다.

청중은 개인의 책임감이 중요하다는 연사의 교훈에 뜨거운 박수로 화답했다.

그런데 바로 다음 세션에서 비슷하게 유명한 연사가 나오더니, 역시 강연 중반쯤 청중을 바라보며 자애로운 말투로 외치는 것 아닌가? "혼자서 모든 것을 해낼 수 있는 이는 없습니다!"

청중은 다시 팀워크의 중요성에 대한 연사의 교훈에 열렬한 박수를 보냈다.

세션이 끝난 후, 복도에서는 참가자들이 삼삼오오 모여 두 연사의 '상반된' 주장에 대한 토론을 벌였다. 그러나 필자는 두 생각이 상반된다고 생각하지 않았다. 오히려 그 두 강연에서 서로 상반되어 보이는 철학이나 주장이 완벽하게 들어맞을 때에 느낄 수 있는 인생의 아름다운 역설을 발견했다. 모든 것을 양자택일의 문제로 바라볼 필요는 없다. 둘이 공존하는 것도 얼마든지 가능하다. 이것이 가장 잘 드러나는 상황이 책 한 권이 나오는 과정이 아닌가 싶다. 적어도 필자에게는 그랬다.

우선 책이라는 것이 나오려면 필자가 맡은 부분을 책임지고 마쳐야 한다.

그러나 집필은 혼자서는 절대 할 수 없는 과정이기도 하다. 귀중한 지인들의 도움, 팀워크, 조언, 격려, 자문, 글로나마 그 지혜를 인용할 수 있었던 수많은 현인이 없었다면 이 책을 집필하는 것은 불가능했을 것이다. 지금껏 여러 책을 집필했지만, 이번 책의 경우는 더 그랬던 것 같다.

도움 주신 분들께 한 분 한 분 감사드리자면 아마 책 한 권을 채우고도 남을 것이다. 필자의 몹쓸 기억력과 지면의 한계로 한두 장에 그치는 것을 너그럽게 이해해주시기 바란다. 혹시라도 실수로 이름이 빠진 분이 계신다면 용서를 구한다.

(물론 필자의 편애일 수도 있지만) 우선 업계 최고의 저작권 대리인 마그리트 맥브라이드와 그녀의 뛰어난 동업자 페이 애친슨에게 지난 7년간 필자와 함께해준 데에 감사의 말을 보낸다. 둘은 늘 든든하게 필자의 옆을 지켜주었다.

엄청난 시간을 들여 초고를 꼼꼼하게 다듬어준 애드리엔 슐츠에게도 감사한다. 애드리엔의 손을 거쳐 비로소 책의 형태를 갖춘 초고를 보고는 놀라움을 금할 길이 없었다.

포트폴리오 출판사의 담당팀(필자는 여전히 이 팀을 '아낌없이 베푸는 팀'이라고 부르고 있다) 또한 빼놓을 수 없다. 케이티 코, 알리슨 맥린, 재클린 버크, 브리타니 와인키, 브룩 캐리, 코트니 영, 모린 콜, 윌 위서, 엘 제페, 에이드리언 잭하임 등 팀원 모두에게 고맙다. 아마 작가를 이렇게까지 훌륭하게 지원해주는 출판사는 드물 것이다. 모두에게 사랑의 말을 전한다. 특히 마무리 단계에서 필자를 물심양면으로 도와준 나탈리 호바쳅스키에게 감사하다는 말을 하고 싶고, 교열에 힘써준 패트리샤 니콜레스쿠에게도 감사하다. 덕분에 많은 실수를 막을 수 있었다.

저서를 통해 필자를 '나 전달법'의 세계로 이끌어준 토마스 고든 박사에게도 감사의 말을 전한다. 나 전달법은 필자의 삶은 물론 강연에도 큰 변화를 가져왔다. 그 외에도 많은 교사, 연구자, 전문가들이 집필한 갈등 해소에 관한 수많은 훌륭한 저서들이 도움이 되었음을 밝힌다.

비록 알고 지낸 시간은 길지 않지만 절친한 친구가 되어준 애덤 그랜트 박사에게도 많은 도움과 조언, 그리고 훌륭한 저서 《기브 앤 테이크》에 대한 감사의 말을 전한다. 애덤은 방대한 연구와 친숙한 접근법을 바탕으로 개인의 동기와 행동에 관한 많은 의문에 친절히 답해주었다. 존 데이비드 만과 필자는 애덤을 진정한 '아낌없이 주는 사람'이라고 부르고 싶다.

필자의 정치적 멘토이자 긍정적이고 우아하지만 강력한 설득력을 지닌 귀중한 지인들인 매리 루와트 박사, 마이클 클라우드, 샤론 해리스, 고(故) 해리 브라운에 대한 인사도 빼놓을 수 없다. 특히 해리에 대한 그리운 마음도 전하고 싶다.

로버트 치알디니(Robert Cialdini) 박사의 저서 《설득의 심리학(Influence: Science and Practice)》은 그야말로 천재성이 돋보이는 책이다. 이 책은 영향력이라는 분야를 연구한 사람들에게 그 방법과 원인에 대한 깊은 깨달음을 가져다주었다.

그 외에도 여러 사람이 특정 개념을 통해서, 전반적인 지혜를 통해서 필자에게 많은 가르침을 주었다. 세상을 떠나 우리 곁에 없는 분들도 있지만, 이분들께도 감사의 인사를 전하고 싶다. 돈 미겔 루이스, 맥스웰 몰츠, 게리 채프먼 박사, 대니얼 골먼, 모셰 골드버거 랍비, 버논 하워드, 제임스 레드필드, 레스 기브린, 도널드 T. 필립스, 그리고 스티븐 R. 코비 박사이다.

스티븐 M. R. 코비는 '신뢰'를 주제로 한 열정적이고 통찰력 있는 저서로 많은 도움을 주었다. 그의 저서 《신뢰의 속도(The Speed of Trust)》는 신뢰의 중요성을 정량적, 정성적으로 분석하였다.

늘 우아하고 침착하면서도 친절한 모습을 보여준 돈디 스쿠마치와 수전 솔로빅에게도 감사하다.

필자와 '레이첼의 커피' 시리즈를 함께 집필한 존 데이비드 만의 빛나는 재능과 명석함에도 박수를 보낸다.

랜디 게이지, 리사 히미네스, 패트릭 스티너스, 테리 브록, 지나

카, 호아킴 데 포사다, 브루스 터켈을 비롯한 마스터마인드 그룹(MasterMind group)에도 감사의 말을 전한다. 이들과 함께한 종일 토론과 밤까지 이어진 대화는 지식과 지혜의 원천이 되었고, 무엇보다 너무나도 큰 즐거움을 선사해주었다. 체면치레하는 고상한 자리에서는 절대 불가능했을 자유로운 토론과 서로에게 자유롭게 반대할 수 있는 그 분위기는 다른 어디에서도 찾을 수 없을 것이다.

캐리 자타르, 미셸 콜론-존슨, 이렌 코트니는 강연자이자 작가로 일하는 필자가 찾을 수 있는 최고의 팀 멤버일 것이다.

필자의 인생에서 귀중한 자리를 차지하고 있는 공인 고-기버 코치(Certified Go-Giver Coach)들에게도 감사의 말을 전한다. 실제 대중에게 메시지를 전하는 데에 여념이 없는 이들이야말로 더 없는 감사의 대상이다.

필자를 연사로 초청해주는 다양한 고객사들 또한 빼놓을 수 없다. 이들 고객사가 없다면 필자에게는 청중도, 청중과 소통하는 그 귀중한 기쁨도 없을 것이다.

지금은 고인이 된 지그 지글러는 한 인간으로서의 뛰어남은 물론이고, 필자에게 세일즈는 효과적이고 호의적인 협력과 연관되어 있다는 것을 보여준 사람이다. 톰 지글러를 비롯한 자손들이 지그의 과업을 이어가는 것을 보면 뿌듯한 마음뿐이다.

절친한 친구이자 사업 파트너인 캐시 제이더는 훌륭한 언행으로 필자를 끊임없이 놀라게 한다. 캐시를 만난 것은 정말이지 행운이다.

자기계발이라는 장르를 창시한 것이나 다름없는 데일 카네기에게도 특별한 감사 인사를 올린다. 그의 저서 《카네기 인간관계론》은 세상에 형언할 수 없는 좋은 영향을 주었다.

그리고 마지막으로, 적극적인 참여와 피드백과 격려로 아낌없이 도와준 독자 여러분께 감사하고 싶다. 모든 일에 건승을 빌고, 모든 잠재적인 적을 강력한 협력자로 만들 수 있게 되기를 바란다.

적에서 협력자로
조종하거나 강요하지 않고 내 편을 만드는 관계의 기술

초판 1쇄 발행 ㅣ 2014년 7월 11일
지은이 ㅣ 밥 버그
옮긴이 ㅣ 정영은
펴낸곳 ㅣ 윌컴퍼니
펴낸이 ㅣ 김화수
등록 ㅣ 2011년 4월 19일 제300-2011-71호
주소 ㅣ (110-872) 서울시 종로구 사직로8길 34, 1203호
전화 ㅣ 02-725-9597
팩스 ㅣ 02-725-0312
이메일 ㅣ willcompany@nate.com
ISBN ㅣ 979-11-85676-05-0   03190

잘못된 책은 바꿔드립니다.
책값은 뒤표지에 있습니다.

이 도서의 국립중앙도서관 출판시도서목록(CIP)은 서지정보유통지원시스템 홈페이지
(http://seoji.nl.go.kr)와 국가자료공동목록시스템(http://www.nl.go.kr/kolisnet)에서
이용하실 수 있습니다.(CIP제어번호: CIP2014019808)